DESTINÉES

DU

NOUVEL EMPIRE FRANÇAIS.

Propriété de l'Auteur.

Paris. — Impr. Lacour et Cᵉ, rue Soufflot, 16.

DESTINÉES

DU

NOUVEL EMPIRE FRANÇAIS

D'APRÈS

LE PASSÉ, LE PRÉSENT ET L'AVENIR

EN REGARD

DES PRINCIPES POLITIQUES-CHRÉTIENS

Par M. l'abbé COUCHOUD

CHANOINE DE BORDEAUX, ANCIEN PROFESSEUR D'ÉLOQUENCE SACRÉE A LYON,
AUTEUR DE LA POLITIQUE DU CLERGÉ, ETC., ETC.

BIBLIOTHÈQUE IMPÉRIALE IMPR.

Les révolutions qui ont agité les peuples,
ne doivent-elles aboutir à rien?
(NAPOLÉON III).

625

PARIS

COMPTOIR DES IMPRIMEURS UNIS,

Vve COMON, LIBRAIRE-ÉDITEUR, QUAI MALAQUAIS, 15,
et chez les
PRINCIPAUX LIBRAIRES DE LA FRANCE ET DE L'ÉTRANGER.

1853

PRÉFACE.

La pensée qui a conçu cet ouvrage a été toute chrétienne, toute française. Convaincu que les crimes des révolutions ne sont point dans le cœur de l'humanité, mais dans l'esprit des doctrines révolutionnaires, j'ai cru servir la religion et mon pays, en mettant cette vérité dans tout son jour, et en établissant sur la politique sacrée le grand principe d'autorité, le seul qui puisse prévenir les révolutions et conserver les sociétés chrétiennes.

En me plaçant sur un terrain si brûlant, j'ai craint naturellement de soulever bien des susceptibilités; mais fort de ma conscience, je n'ai dérogé en rien à la charité, à la franchise, à l'impartialité que mon caractère sacré m'impose.

Non, le prêtre, l'écrivain catholique n'enfonce point la couronne d'épines, que Dieu a mise sur le front des vaincus ; il ne fait que signaler les erreurs, les fautes, les crimes..... afin

..... que la leçon reste, éternelle et fatale,
A ces nains qui...........
Tourmentent..... pour leurs ambitions
La cendre rouge encor des révolutions.

(V. H.)

Non, le prêtre, l'écrivain catholique, qui a été nourri dans les vrais principes de la monarchie, ne déserte point son drapeau. Aussi, ai-je béni Dieu pour moi et pour la France d'avoir pu constater pleinement que les doctrines sacrées et les grandes traditions du pays étaient en parfaite harmonie avec l'empire et la politique inaugurés par Napoléon III. Combien de royalistes! combien d'hommes égarés, mais chrétiens, mais français, s'applaudiront de retrouver une légitimité nouvelle par la date, mais ancienne par le principe et plus forte que le génie révolutionnaire !

Non, le prêtre, l'écrivain catholique ne vient point, en courtisan servile, saluer l'aurore d'un règne. Il sait trop bien que les grands princes sont les plus modestes. Si donc il rappelle dans son livre les éminentes qualités du souverain donné par Dieu à la France, et la haute sagesse de son gouvernement, il espère que l'Empereur lui pardonnera, que tout Français, *qui comprend*, le félicitera d'avoir été l'écho de la voix publique, et de n'avoir rien écrit que sous l'inspiration de sa conscience, au profit de la vérité.

Puisse le *Père des lumières* faire servir cet écrit au triomphe de ces doctrines chrétiennes, qui sont la meilleure garantie de la soumission des peuples et de la prospérité publique !

CONSIDÉRATIONS PRÉLIMINAIRES.

Une chose qui frappe singulièrement l'homme grave, se prenant à réfléchir sur les destinées de la France, c'est le peu de lumières, le peu de fruits, qu'une nation si intelligente et si avisée a retiré de ces terribles cataclysmes qui ont éclaté sur elle.

En effet, depuis le premier, qu'on appela *réforme* ou protestantisme, jusqu'au dernier, qu'on a glorifié du nom de *démocratie sociale*, que de sang! que de larmes! que de ruines! que de terribles enseignements! que d'héroïques labeurs! hélas! perdus si déplorablement.

Cependant les docteurs du peuple, les apôtres de l'humanité n'ont pas manqué! A qui la faute? A qui attribuer nos désastres publics, et surtout l'ignorance profonde des causes premières de nos révolutions, laquelle a rendu vaines les leçons d'une cruelle expérience? Est-ce le peuple qui a failli à lui-même? Sont-ce ses docteurs qui sont les vrais coupables? Mon Dieu! le peuple n'a toujours été que dupe et victime. Confiant et généreux, le Français est porté à croire, à toutes les idées grandes, à tout ce qui lui apparaît sous le titre de progrès social et intellectuel. Donc les *docteurs*, dont nous venons de parler, se sont mis, avec une énergie d'autant plus grande, que leur orgueil et leur intérêt étaient plus fortement engagés, à exploiter ce côté si vulnérable du caractère national. Tous ces fabricateurs de mensonges, ayant grand soin de se couvrir du manteau de l'intérêt religieux et social, se sont appliqués à fasciner les esprits. Ils ont fait scintiller, miroiter aux yeux des peuples et des monarques la surface des faits, afin d'éloigner d'eux la pensée de pénétrer dans le fond des choses. C'est ainsi que, dans le vocabulaire accommodé soigneusement à leur usage, l'*abus*, que pouvaient faire certains individus de choses religieuses, ils l'attribuaient au corps sacerdotal tout entier, et cet abus, présenté par eux comme une règle, comme une pratique générale du catholicisme, servait de cause..... non de prétexte au cri de guerre: —*Réforme religieuse!*— C'est ainsi que l'exercice du pouvoir monarchique, transformé sur leurs livres et sous leurs plumes en despotisme, servait de cause, non, de prétexte, à leur cri de guerre : — *Réforme politique!*

Alors ces *amis* des peuples et des souverains, soit qu'ils feignissent un délire qu'ils n'éprouvaient point, soit qu'ils fussent réellement ivres de leurs utopies décevantes, — car l'orgueil a aussi son ivresse ! — présentaient sous toutes les formes, et avec les couleurs les plus vives, les images éblouissantes de liberté religieuse et civile, de réformes, de progrès humanitaires. A travers ce prisme chatoyant, princes et peuples ont été éblouis, et ont pris aveuglément pour des réalités des formes trompeuses : semblables à ces voyageurs dont l'œil, obscurci par de malignes vapeurs, ne voit de l'Océan que l'écume, qui blanchit le sommet de la vague.

Ainsi, à diverses périodes, le peuple français, frappé d'une téméraire confiance, s'en est allé ruinant et rétablissant, on ne sait trop combien de pouvoirs les uns après les autres, et disant toujours avec une simplesse charmante : C'est ce dernier qui est le meilleur, et il va nous sauver infailliblement...

Mais enfin la Providence, qui a des vues de miséricorde pour un peuple resté catholique, malgré tous les efforts de l'enfer, a jeté sur lui un regard de tendresse. L'enfant prodigue, du fond de l'abîme, où l'avaient plongé ses prétendus réformateurs, s'est écrié avec une énergique douleur : « Je me lèverai, et j'irai à mon père, à lui, qui comprendra mes nobles instincts. »

Alors, sondant son cœur, un prince qui portait un nom illustre s'est dit à son tour : « Et moi aussi, j'irai à ce peuple, dont tous les sentiments me sont sympathiques...... et 7,500,000 suffrages une fois, et 8,000,000 une autre fois, ont prouvé que peuple et prince s'étaient compris l'un l'autre. Aussitôt la paix et la sécurité publique, encore toutes palpitantes d'effroi, se sont abritées sous l'aile de l'autorité redevenue puissante et respectée, et les voix révolutionnaires se sont tues, et il s'est fait un grand calme.

Mais est-ce là tout ce que l'on doit espérer — quelque immense que soit le bienfait? — Peut-on dire que la lumière a pénétré dans les esprits ; que les Français se sont assez instruits à l'école du malheur, pour comprendre avec profit le *passé*, le *présent* et l'*avenir* de leur patrie?

Franchement, nous sommes un peuple trop insouciant et trop oublieux ! il suffit d'ouvrir les yeux pour nous en convaincre. En effet, que voyons-nous, qu'entendons-nous autour de nous ?

Les vieux révolutionnaires ont-ils renoncé véritablement à leurs sanguinaires utopies? Ah! sans doute, ils n'ont plus dans leurs bras la révolution de 93, la montrant, comme naguère encore, avec le même orgueil qu'une mère montre son nouveau-né; mais, soyez-en sûr, ils l'ont toujours dans leurs têtes et dans leurs entrailles. Il y a peu ou point d'espoir de rappeler à la raison ces hommes enivrés d'orgueil et pleins d'ambition. Pourtant s'ils pouvaient s'abaisser à nous lire, peut-être le réveil se ferait-il dans leurs âmes!

D'un autre côté, les *néo-révolutionnaires* ont été ébranlés et frappés de stupeur en voyant *leur œuvre!* Mais se sont-ils convertis en d'autres hommes, zélés défenseurs des principes conservateurs de la société? Nous voudrions bien qu'ils nous comprissent, et qu'ils entrassent dans nos rangs!

Nous le savons, eux et bien d'autres personnages entraînés à leur suite détestent aujourd'hui les révolutions, et, malgré l'effroi qu'ils en éprouvent, ils ne se rendent jamais compte des causes qui les ont produites, et ils sont prêts, — sans s'en douter, — à recommencer les mêmes fautes qui les ont entraînés dans les voies révolutionnaires.

Il est donc bon et utile pour le pays, honorable

pour l'écrivain, de remonter à la source de nos erreurs, d'indiquer la meilleure voie à suivre ; de démontrer enfin, le flambeau de la philosophie de l'histoire à la main, comment, — si nous sommes assez sages pour le vouloir courageusement, — nous touchons à de brillantes destinées réservées à l'empire français, sous l'influence des principes politiques-chrétiens.

DESTINÉES
DU
NOUVEL EMPIRE FRANÇAIS

PREMIÈRE PARTIE

Je préfère une mauvaise action
à une mauvaise doctrine.
(J.-J. ROUSSEAU.)

CHAPITRE I.

PREMIÈRE PHASE RÉVOLUTIONNAIRE.

PARAGRAPHE PREMIER.

Tour de main politique.

Un homme, qui s'y entendait, a laissé tomber de ses lèvres cette expression aussi pittoresque que significative : Une révolution, c'est un tour de main. Jusque-là on avait pu s'ingénier à rechercher les causes secrètes qui ont enfanté les révolutions ; peine perdue ! en 1848, un tribun outrecuidant a expliqué tout simplement ce mystère : ce n'est qu'un tour de main. A la bonne heure ! voilà de la franchise ! à vrai dire, c'est bien un peu humiliant pour la sagesse gouvernementale : c'est surtout passablement brutal pour cette pauvre politique néo-voltairienne, qui se targuait tant de sa science, et qui a disparu... par un tour de main. Avouons-le pourtant, elle méritait cette cruelle flagellation. En attendant, la vérité est sortie d'une bouche, qui s'est trahie elle-même. Maintenant, nous le savons, à ne plus en douter, une révolution, c'est un *tour de main !*

C'est beaucoup de le savoir ; mais ce qui n'est ni moins curieux, ni moins important à constater, c'est de connaître ce qui fait réussir ces *tours de main,* et quel rôle immense joue la parole, — avant la main —, sur les tréteaux révolutionnaires.

Et, d'abord, sait-on bien quelle est la physiologie de la langue politique révolutionnaire ? En a-t-on calculé la portée ? A-t-on admiré surtout avec quel art elle métamorphose, elle grandit les mots ? Il y a tels de ces mots qui, dans le langage ordinaire et académique, n'ont qu'une valeur bien restreinte, et qui, sous sa magique puissance, revêtent une force surnaturelle. Oui ! il y en a de plus craints que le bourreau, de plus puissants que les monarques, de plus forts qu'une armée... C'est à l'aide de ces mots que se font les jolis *tours de main* révolutionnaires.

PARAGRAPHE II.

Caractère spécial de la première phase révolutionnaire.

Ce fut précisément à l'un de ces mots que le premier tour de main ou première phase révolutionnaire dut sa naissance et l'éclat sinistre qu'elle a répandu au XVIe siècle. Alors, comme en 1848, on entendit retentir de toutes parts le même mot magique, le même cri de guerre : La réforme ! la réforme !. . heureuse coïncidence des deux époques, qui pourrait bien signifier que le même mot formidable qui a ouvert en France l'ère des révolutions aura bien pu la clore. Rien ne ressemble plus à un berceau qu'une tombe.

Ce fut donc au nom de la *réforme* que les premiers révolutionnaires commencèrent leur œuvre. Luther et Calvin eurent en leurs mains toute la puissance de nouveaux conquérants religieux. Et pourtant ! — soit dit en passant, — quels réformateurs ! quels apôtres de l'Évangile ! quels hommes même (1) !

Cette personnalité nous semble permise, parce qu'elle est de l'histoire, et qu'elle peint d'un trait l'audacieuse impudence de tous ces chefs *réformateurs* qui n'ont jamais su se réformer eux-mêmes ; mais, en même temps, nous déclarons hautement que, quant à leurs prosélytes, protestants ou autres, nous ne les jugeons en rien, nous acceptons leur bonne foi, et les bonnes œuvres dont ils se glorifient, nous les renvoyons à leurs consciences. Notre but à nous est d'attaquer leurs principes, opposés aux principes politiques-chrétiens, et d'en signaler les funestes conséquences. C'est ce que notre maître à tous appelle juger l'arbre par les fruits. C'est bien assez !

Mais quels que fussent personnellement les chefs de la réforme, le titre dont ils se paraient fascinait les esprits. Les princes et les peuples se laissaient entraîner par ces révolutionnaires,

(1) Voir l'histoire de M. Audin.

qui se posaient *comme les vengeurs de la vraie parole de Dieu,* qui tonnaient *contre les vices et la cupidité de la moderne Babylone*, *voire même contre son idolâtrie.* La Bible à la main et commentée, d'après leur principe, par la raison individuelle, ils se riaient des foudres de l'Église, et eussent défié Dieu même au nom de *la réforme religieuse.*

Ainsi donc, la première révolution, incarnée dans Luther et Calvin, ne *s'adressa qu'aux âmes,* et affecta de n'avoir d'autre but que celui de *réaliser la foi.* Elle allait droit au dogme. Son *caractère spécial* fut donc essentiellement *dogmatique.* Nous tenons à le bien constater, parce que rien de tout cela n'a été mis au jour, et qu'il en découle un grand enseignement, comme nous allons le démontrer. En effet, une fois reconnu, que le caractère spécial de *la réforme* fut essentiellement dogmatique, nous reconnaissons par cela même que la première phase révolutionnaire s'adressa aux grandes et nobles passions; car, vouloir *réformer* l'Église chrétienne, faire revivre en elle la pureté de sa croyance primitive, fut une prétention, qui, habilement dissimulée sous mille prétextes, — trop réels pour ce temps, mais exposés dans un sens faux et calomnieux, — dut paraître aux princes et aux peuples chrétiens une pensée hardie, un vol élevé, une sainte ambition. Il ne faut donc pas s'étonner si princes et peuples, sans trop approfondir quels étaient personnellement les réformateurs, se laissèrent aller aux instincts généreux, que ce mot de réforme de la foi réveillait dans leurs âmes, et s'ils entrèrent par élan de cœur dans la nouvelle Église.

Il est donc constant que le premier entraînement révolutionnaire, celui qui a été le point de départ et l'origine de tous les autres, n'a pu réussir que parce qu'il a surexcité les plus nobles sentiments, *la foi et la conscience*. De ce point de vue, vrai de la vérité logique de l'histoire, le lecteur pourra comparer avec nous les diverses époques révolutionnaires, et grand sera son étonnement en voyant la manière de *plus en plus infime* dont la question sociale a été successivement posée, et par suite la *décroissance* visible des nobles instincts chez les peuples, à chaque nouvelle révolution. Grand et terrible enseignement, que nous aurons à constater, et qui doit porter ses fruits, si la France, nation si généreuse, vient enfin à le comprendre. Il n'y aura pas de notre faute !

PARAGRAPHE III.

Résultats de la première phase révolutionnaire.

Nous venons de dire, qu'au XVIe siècle, les princes et les peuples chrétiens, animés d'une foi vive, ont pu se laisser entraîner par ce désir de réforme religieuse, qui est un des instincts les plus vivaces de notre âme, parce qu'elle se sent destinée à jouir dans l'autre vie d'un bonheur qui consistera tout entier dans la possession pleine et entière de la vérité. Or donc, nous reconnaissons, afin de rester dans les limites de la plus scrupuleuse impartialité, que des abus plus ou moins graves s'étaient glissés dans le gouvernement spirituel et temporel de l'Église ; nous reconnaissons que ces abus offraient de spécieux prétextes aux attaques des réformateurs ; nous ajoutons que, si la réforme se fût contentée de provoquer le combat sur ce terrain, les résultats eussent été glorieux pour elle, et avantageux pour le christianisme, mais là ne se bornèrent pas les vues et les intérêts soigneusement dissimulés des réformateurs. Ces hommes, que l'histoire (1)

(1) Vie de Luther et de Calvin, par Audin.

nous peint en tout semblables à ceux que Tertullien appelle des animaux de gloire et de cupidité, ne tentèrent rien moins que de renverser l'Église de fond en comble et de s'emparer de ses dépouilles. On sait avec quel acharnement et quelle perfidie fut poussée cette guerre aussi injuste que sacrilége : l'histoire en constate les faits ; notre but à nous est d'en tirer les conséquences logiques. Nous les résumons ainsi :

1° *Résultats religieux*, 2° *résultats politiques-sociaux.*

1° *Résultat religieux.* — D'abord, qu'enfanta le principe de la réforme ou *liberté d'examen?* — Autant de religions que d'individus, autant d'Églises que de têtes. Ce chaos de croyances ne tarda pas à devenir patent. Alors, la pensée que l'*unité* de la foi, si recommandée par l'Évangile, était complétement brisée, que les Églises réformées n'avaient entre elles aucun lien de doctrine, de culte et de gouvernement spirituel, commençait à inspirer aux masses égarées une horreur profonde pour la *réforme.* Les chefs le comprirent et ils avisèrent aussitôt au moyen de sauver la religion nouvelle, au moins par quelque apparence d'unité. Ce fut alors qu'ils inventèrent, à force de concessions réciproques entre eux, la doctrine des *points fondamentaux*, c'est-à-dire, une espèce de tolérance élastique s'élargissant chaque jour et selon les besoins de la paix, au point que les *diverses confessions protestantes* ont fini par n'avoir entre elles d'autre unité de foi que deux ou trois dogmes, tels que la chute de l'homme, la divinité du Rédempteur, l'immortalité de l'âme. Cette simplification du dogme chrétien, réduit à sa dernière expression, fut enseignée, comme suffisant au salut, et les fidèles protestants, encore façonnés à l'obéissance, s'en rapportèrent à leurs docteurs. En conséquence, les individualités et les sectes dissidentes purent s'embrasser fraternellement ; le luthérien adorait la divine Eucharistie, tandis que son coreligionnaire le calviniste traitait ce culte d'idolâtrie ! O folie de l'esprit humain ! ô renversement du sens moral ! ô sacrilége profanation de cette grande et sainte unité, qui avait été jusque-là et qui doit rester jusqu'à la fin des siècles la gloire, la force et le fondement de l'Église véritable, laquelle n'a ni *rides*, ni *souillures*.

Mais, comme si ce n'était point assez de honte et de remords pour le protestant sincère et éclairé, cette ombre même d'*unité*, amendée, amoindrie, défigurée depuis deux siècles pour satisfaire aux exigences du *libre examen*, est encore menacée de s'évanouir aujourd'hui, et toujours sous le bon plaisir de la souveraineté de la raison individuelle.

Un libre penseur, le calviniste Channing, plus conséquent et plus franc que ses confrères, n'a pas pu croire que l'*unité* protestante, bien que réduite aux deux ou trois points fondamentaux dont nous venons de parler, fût la dernière étape, le dernier terme du *libre examen*. Il a donc créé, lui, une espèce d'*unitérianisme* qui consiste tout simplement à être *uni dans l'esprit de l'Évangile*. Par conséquent, il n'admet ni *credo*, ni *symbole établi* (1) ; par conséquent, il se rit de tout ce qui est extérieur, *culte, synode, confession, épiscopat* calviniste ou luthérien, etc... « Ce sont là, dit-il, « des barrières, des toiles d'araignées que l'âme « brise dédaigneusement » (2).

De bonne foi, que peuvent répondre les docteurs protestants à ce nouveau Titan évangé-

(1) Lettre à M. de Gérando, 1851.

(2) Édition populaire des œuvres complètes du docteur Channing (Londres 1851).

lique?... Quand on pose pour principe le libre examen, quand on proclame ainsi la souveraineté de la raison individuelle, venir ensuite poser à cette raison une limite quelconque, empêcher qu'elle n'aille jusqu'au bout, n'est-ce pas une inconséquence absurde, une tyrannie insupportable?

On peut donc augurer avec quelque certitude que les *Églises évangéliques*, attaquées par leurs propres armes et par leurs propres enfants, vont s'écrouler sous le marteau de la logique la plus impitoyable. Nous le croyons. Déjà l'unitérianisme de M. Channing a pénétré dans le sein même du protestantisme par la presse et par l'enseignement des écoles : ses progrès sont grands en Amérique, en Allemagne, en Angleterre. Ils sont peu connus en France; mais, là comme ailleurs, le système de Channing attirera à lui, — et le nombre n'en est que trop grand! — tous les indifférents religieux, tous les néo-philosophes, qui s'effraient des difficultés du dogme.

Ainsi, et pour dernière conséquence, la *réforme*, qui a mutilé successivement, et pour ainsi dire anéanti l'*unité* chrétienne, est condamnée à voir ce faible reste de son dogme, de son culte, de son gouvernement pastoral, renversé par le raisonnement invincible et sans merci d'un de ses apôtres, afin que sur les ruines de la Babel dogmatique de Luther et de Calvin trône... le rationalisme mi-chrétien, mi-panthéiste de Channing! Est-ce assez d'humiliation? Est-ce assez de châtiments? les protestants comprendront-ils cet enseignement du ciel? Dieu le veuille!!

Pour nous, catholiques, qui ne tremblons jamais pour l'unité de notre sainte Eglise, parce qu'elle repose sur ce principe : « Ce qui a été cru partout, et toujours, » parce que nous tenons pour infaillible l'enseignement du corps des pasteurs, le souverain pontife à leur tête, nous n'en sommes pas moins effrayés, en considérant le mal profond qu'a déjà fait et que peut faire la nouvelle doctrine née du protestantisme, dans un siècle où le libertinage de l'esprit ne le cède point au libertinage du cœur. Voilà pourquoi nous avons cru devoir le signaler, afin que la responsabilité qu'il entraîne pour tout homme qui croit à la divinité de Jésus-Christ puisse ouvrir les yeux à nos frères égarés.

2° *Résultat social.* — Le principe protestant

du *libre* examen n'est en réalité que l'exaltation de la raison individuelle, la consécration de son infaillibilité en matière religieuse, et à plus juste titre en matière politique sociale : car enfin la science de la foi est bien au-dessus de la science humaine. Conséquemment ce *réformé* étant infaillible en politique, n'a d'autre règle de conduite que l'inspiration personnelle. Mais « l'esprit étant la dupe du cœur, » cette inspiration ne peut être que l'inspiration de l'intérêt personnel. Or, comme l'intérêt prive est sans cesse en lutte avec l'intérêt politique et social, il suit de là que le doctrinaire protestant se sent en révolte perpétuelle au fond du cœur.

Mais une telle doctrine est l'épée de Damoclès suspendue sur la tête de tout pouvoir! Mais une telle doctrine est l'antre ténébreux qui recèle toutes les tempêtes révolutionnaires !

Heureusement que la masse des réformés n'est pas doctrinaire ! Il n'en est pas moins vrai que la logique du protestantisme est révolutionnaire, et que tous les protestants, dévoués au souverain et à la paix publique, doivent travailler eux-mêmes avec le plus grand soin à empêcher toute propagande du principe politique du *libre examen*. C'est le levain de doctrine dont parle saint Paul, « lequel venant à fermenter corromprait toute la masse. » A eux de veiller !

En résumé, le principe fondamental de la *réforme protestante* n'a versé tant de sang, n'a amoncelé tant de ruines, que pour bouleverser dans les temps passés et l'Église, et l'empire ; que pour enfanter aujourd'hui des Channings religieux, en attendant qu'il lui soit donné de mettre au jour des Channings politiques.

Princes et peuples protestants, voyez et gémissez !

Princes et peuples catholiques, instruisez-vous !

CHAPITRE II.

DEUXIÈME PHASE RÉVOLUTIONNAIRE.

Le philosophisme. — Son caractère, ses résultats.

PARAGRAPHE PREMIER.

Son caractère.

Ce n'est plus l'hérésie fougueuse qui ose, tout en admettant la révélation évangélique, la mutiler, la réduire presque à néant, toujours, selon les exigences de la souveraineté individuelle: c'est la philosophie voltairienne, railleuse et sceptique qui, poussant ce principe jusqu'à son dernier terme, tente à son tour, non plus de *diminuer* l'idée surnaturelle, mais de *la détruire.* Pour elle, le christianisme est un *infâme qu'il faut écraser* (1). Plus donc de ces débris de dogmes, de culte, de sacerdoce, que les réformateurs protestants tiennent pour sacrés, pour divins. Table rase de la révélation, est le mot de guerre. C'est de l'impiété, mais c'est de l'im-

(1) Paroles sacramentelles de Voltaire.

piété conséquente. Les philosophes révolutionnaires ont, il faut l'avouer, cet avantage sur leurs devanciers *les réformés*. En effet, dès que le libre examen s'exerce *dans toute son omnipotence*, pourquoi venir dire à l'esprit : Tu n'iras pas plus loin, tu ne franchiras pas telles limites, tels points de croyance? Le ministre protestant se voit ainsi clore la bouche par l'apôtre du philosophisme. Il doit rester muet de douleur et de honte!

D'un autre côté pourtant, *les réformés* ont à faire rougir *les philosophes matérialistes*. Eux, au moins, en exaltant la raison individuelle, s'inclinent encore devant le Rédempteur; au lieu que les voltairiens l'insultent orgueilleusement en n'adorant que leur raison. Les uns regardent encore le ciel, les autres ne regardent que la terre.

Le *caractère spécial* de la deuxième phase révolutionnaire est donc un protestantisme bâtard, enté sur le même principe, mais *porté à sa dernière conséquence*, c'est-à-dire négation de toute idée surnaturelle ; on voit, par conséquent, qu'il est *une dégénérescence nouvelle*, ce que nous avions annoncé et qu'il ne faut pas perdre de vue.

PARAGRAPHE II.

Résultats.

1° *Religieux.* — Les ravages que la philosophie voltairienne a faits dans la chrétienté sont écrits dans l'histoire en caractères indélébiles. Les temples renversés, les ministres du sanctuaire proscrits ou décapités, la royauté noyée dans le sang d'un roi et de sa famille, tant de milliers de victimes immolées avec une barbare injustice, etc., ce sont là des faits à l'éternelle honte *des réformateurs philosophes.* 93, qui fut leur œuvre, inspirera toujours de l'effroi à une âme honnête.

Nous savons que le sens moral du peuple, quelques instants égaré, a condamné ces saturnales philosophiques; mais le mal n'en a pas moins existé, et ce qui est tout aussi déplorable, c'est que la plaie, cicatrisée au dehors, saigne toujours et saignera, hélas! longtemps à l'intérieur. Le principe du mal est resté latent dans les cœurs. Les perfides lueurs du philosophisme ressemblent à ces clartés réfléchies par le sable du désert égyptien; elles engendrent des ophthalmies intellectuelles trop souvent incurables. Quand une âme en est atteinte, elle ne peut plus contempler le soleil de la révélation, elle reste aveugle en face d'un tel flambeau. Vraiment, elle ne sait si elle doit admettre ou rejeter ces vérités que, depuis dix-huit siècles, les sociétés civilisées ont embrassées volontairement comme base de croyance et comme loi morale. Le doute ! toujours le doute! et..... sur l'immortalité de l'âme, sur l'avenir de l'homme, etc. C'est là tout ce que peut la science de l'esprit guidée par le philosophisme, quand elle ne finit pas par se précipiter dans le gouffre du panthéisme.

C'est le cas de s'écrier avec Montaigne : « O la vilaine âme que rien de céleste ne remue! »

Le *résultat* religieux de la deuxième phase révolutionnaire pouvait-il être plus effrayant ?

2° *Résultat social-politique.*—En approchant du temps que nous signalons, la philosophie voltairienne était passée de l'état de lutte à l'état de triomphe; pas un souverain, pas un écrivain de quelque valeur qui, par hypocrisie ou par aveuglement, ne caressât les nouveaux réformateurs. Le roi de France lui-même, tout en prévoyant le but où l'on tendait, n'en répétait pas moins avec une insouciance révoltante :

« Après moi, gouvernera qui pourra gouverner, » et sa main signait la proscription des personnes les plus dévouées à la royauté, et cela pour seconder le mouvement philosophique révolutionnaire : « car, *c'est la philoso-* « *phie* qui, par la bouche des magistrats, a « porté l'arrêt contre les jésuites, le jansé- « nisme n'a été que le rapporteur » (D'Alembert, *Corresp.*). « Le prétexte de la punition « était le danger *prétendu* de mauvais livres que « personne ne lit ; la *cause* était le *crédit* dont « ils avaient longtemps abusé » (Voltaire, *Correspondance*). Les laïques n'étaient pas plus épargnés par la *vente* philosophe que les prêtres et les religieux ; témoin ce malheureux Gilbert, que ses satires conduisirent à mourir à l'hôpital.

Voltaire pouvait donc dire de son vivant, avec un orgueil satanique :

« J'ai fait plus dans mon temps que Luther et Calvin. »

(Corresp.)

Ce fut sous ce ciel chargé de nuages philosophiques, plus dangereux que ceux, qui recèlent la foudre, que se leva 89. Son aurore pourtant fut pleine de splendeur et sembla promettre de beaux jours : car c'était la nation tout entière qui présidait à ses destinées sociales-politiques. L'assemblée qui la représentait était composée de membres illustres par l'éclat de la parole et par l'élévation du caractère. Il y avait sublime accord à proclamer et à appliquer dans leur vrai sens les grands principes de liberté et d'égalité chrétienne. Telle est, à nos yeux, l'idée qu'on doit se faire de ce grand mouvement national, qui a inauguré une nouvelle ère politique dans notre France. Mais cette appréciation, qui peut paraître étrange à bien des personnes d'opinion opposée, s'expliquera bientôt, et nous met plus à l'aise pour établir un fait très important et qui, faute d'avoir été profondément examiné, a dû faire porter des jugements divers, sur les trois premières années de notre révolution.

Nous dirons donc, sans flatter qui que ce soit, sans dénigrer quoi que ce soit, mais pour faire preuve de justice et d'impartialité, qu'au milieu de toutes les grandes choses entreprises ou accomplies par cette imposante réhabilitation politique-sociale, il est un fait qui apparaît certain et lumineux sur les hauteurs de l'histoire, un fait qui respecte les intentions, qui ne nie point les sentiments généreux, qui ne conteste point de nobles efforts ; mais un fait qui a été l'âme de cette gigantesque révolution, et qui, malheureusement, l'a jetée dans une voie tout opposée aux besoins moraux du pays, aux vœux légitimes exprimés par la nation.

Ce fait, c'était *l'anarchie dans la pensée*, laquelle procédant du principe protestant, l'omnipotence du libre examen, était venue s'incarner dans le philosophisme voltairien. Cette anarchie régnait, avons-nous dit, en souveraine. Il était moralement impossible que nos premières assemblées n'en subissent pas la loi. Aussi Mirabeau et les orateurs les plus considérables luttèrent en vain contre ce despote d'un nouveau genre. Leur éloquence et leurs efforts ne purent empêcher que la majorité, s'exaltant sous l'inspiration des idées philosophiques dont elle était imbue, ne votât avec enthousiasme la *constitution civile du clergé* : faute capitale, qui fut bientôt suivie d'autres atteintes à l'autorité, tout aussi funestes au bien public.

89, envisagé sous ce point de vue, c'est-à-dire

en dehors du principe politique-chrétien, a menti à sa mission, a faussé l'esprit et le caractère national, a trompé toutes les brillantes espérances qu'il avait fait concevoir. Le démon de la philosophie voltairienne, qu'il a réchauffé dans son sein, l'a agité de perpétuelles convulsions, jusqu'à ce qu'il l'eût dominé tout entier dans la *Convention*. Là, en effet, ce démon de l'orgueil le plus tyrannique et de la plus basse envie a jugé très juste, très *philosophique*, en vertu de la souveraineté de la raison individuelle, de se constituer pouvoir souverain, de décréter l'abolition du christianisme, d'envoyer à l'échafaud le monarque le plus libéral, des femmes, des enfants *suspects*, puis enfin, — ce qui était plus rationnel, — ses propres membres les uns par les autres.

Ainsi 89, placé dès le début sous l'empire du principe protestant philosophique, tout en faisant de grandes choses, n'en a pas moins entraîné aveuglément la France dans l'abîme de 93, dernière et suprême conséquence de ce principe funeste.

Cela est si vrai, que Voltaire, lui qui savait si bien quelle semence il avait jetée dans le monde moral, avait pu faire cette prophétie sinistre : « Quand j'y songe, je suis transporté de joie ! nos enfants verront de belles choses » (*Corresp.*) ! Belles choses, grand Dieu ! que cet immense naufrage de toutes les idées morales, religieuses, politiques et sociales, au milieu de flots de sang ! Belles choses, que le règne de la terreur !

La France s'est débattue dans cette lente agonie, jusqu'à ce que le principe politique-chrétien ayant été replacé sur sa base par la main d'un héros législateur, elle ait pu, à l'ombre d'un pouvoir fort et respecté, vivre de la vie des nations civilisées.

Le résultat social de la deuxième phase révolutionnaire a donc été des plus calamiteux.

En résumé, la logique des faits prouve que l'anarchie fomentée dans les esprits par les doctrines philosophiques a fini par régner en souveraine, et a complétement bouleversé les croyances et la civilisation.

Elle a pu s'effacer de la scène du monde, mais elle ne vit que trop dans bien des âmes ! Puisse cet écrit les éclairer, pour leur propre bonheur et pour celui du pays !

Nous ajoutons que le caractère révolutionnaire, bien qu'il ait gardé sous cette phase d'assez grandes proportions, a dégénéré pour la deuxième fois. En effet, le protestant avait attaqué les vérités du ciel, et le philosophe voltairien s'est borné à celles qui se limitent à ce monde. L'un s'est montré grand en s'élevant au-dessus de la terre, l'autre petit en se courbant vers elle. Ainsi *deuxième preuve* de la manière de plus en plus *infime* dont les révolutionnaires posent successivement les destinées d'un peuple.

CHAPITRE III.

TROISIÈME PHASE RÉVOLUTIONNAIRE.

Le libéralisme. — Son caractère, ses résultats.

PARAGRAPHE PREMIER.

Son caractère.

Sous le règne d'un empereur, doué d'une rare perspicacité et qui se plaisait à témoigner de son aversion pour les idéologues, les philosophes voltairiens et tous les révolutionnaires *incorrigibles* firent prudemment de refouler leurs doctrines politiques-religieuses au fond de leurs cœurs.

Mais quand la Restauration vint avec l'oubli de ses fautes passées et avec son inscience du présent, les hommes politiques purent voir ce petit bataillon sacré de révolutionnaires *quand même* recommencer l'œuvre philosophique. Trop avisés pour mettre au jour leur plan, encore en horreur au peuple, ils s'appliquèrent soigneusement à masquer leurs batteries. Ils affichèrent donc un grand amour, un vrai fétichisme pour la Charte royale, qu'au fond ils avaient en horreur. Puis, au lieu du titre de Jacobin, qu'ils savaient être odieux aux cœurs honnêtes, ils se parèrent de celui de *libéral*, toujours agréable à la générosité française.

A l'aide de ce *tour de main* et de ce mot *magique*, ainsi que nous l'avons dit (page 7), ils parvinrent facilement à donner le change à l'opinion publique.

Ainsi déguisée, la révolution, sous le nom d'opposition libérale, put impunément porter des coups mortels à l'autorité et donner le change à l'opinion publique. Aussi son succès fut-il immense. Toutefois, nous le reconnaissons avec plaisir, aux côtés des vrais révolutionnaires, se trouvaient des hommes d'un mérite incontestable, sincèrement dévoués à la royauté et à la constitution ; mais malgré leur honnêteté et leurs généreux efforts, ils n'ont pu chasser du libéralisme l'esprit révolutionnaire. Il s'était trop habilement et trop fortement retranché dans le système d'ambition personnelle et de corruption parlementaire et électorale. C'est de là en effet qu'il a fait irruption sur la France.

Ainsi, tout en rendant pleine justice à l'honnêteté, au patriotisme d'un très grand nombre de libéraux, nous n'en sommes pas moins en droit de conclure, — car c'est de la logique de l'histoire, — que, par le fond de ses entrailles, le libéralisme était tout révolutionnaire... Et quand on se rappellera que sous sa bannière tant d'ambitieux de haut et de bas étage intriguaient dans l'ombre; que tant de tribuns sans foi en appelaient sans cesse aux principes; que tant de trafiquants de consciences les vendaient ou les achetaient sans rougir, un libéral même sera plus sévère que nous, et confessera hautement que, contre son attente et malgré ses efforts, le libéralisme *en général* a montré, surtout dans ceux qui en étaient la personnification *révolutionnaire,* une âme hypocrite, félonne, envieuse, et, par-dessus tout, insatiable de places et d'écus.

Tel a été, à d'honorables exceptions près, le caractère spécial de cette révolution enfantée par l'envie.

Cela seul prouve déjà la dégénérescence du caractère révolutionnaire dans sa troisième phase. Et de fait, dans la phase qui précède, les réformateurs philosophes discutaient encore de croyances, de lumières, de liberté; leur vol était audacieux, téméraire, impie même, mais au moins il était élevé. Au contraire, nos libéraux, — les ouvriers du *grand œuvre* s'entend, — ont hâte de descendre de la sphère des idées pour se rabattre au domaine des faits. L'esprit révolutionnaire a ployé ses ailes; il est tombé du haut des airs, où il avait encore la prétention de poursuivre la vérité sur le sol fangeux, où il n'éprouve d'autres besoins que celui d'entraîner les masses par l'appât des richesses et des jouissances matérielles.

TROISIÈME PREUVE *de la manière de plus en plus infime dont chaque révolution nouvelle pose les destinées d'un peuple.*

Voilà donc le libéralisme révolutionnaire jugé en lui-même quant à son caractère et à son esprit en général; constatons maintenant ses résultats.

PARAGRAPHE PREMIER.

Résultats de la troisième phase révolutionnaire.

1° *Résultats religieux.* — Avant tout, nous prions le lecteur de ne pas perdre de vue que notre polémique est toute sacerdotale ; dans tout ce qu'elle peut avoir de sévère, d'offensant, elle ne s'adresse qu'*à l'esprit des doctrines révolutionnaires,* si opposé au principe politique-chrétien ; et encore notre polémique repose-t-elle sur la logique des faits. Oui, nous respectons toutes les intentions, toutes les consciences, dont Dieu seul est juge ; nous reconnaissons même que les partis, que les masses surtout, valent mieux que les doctrines dont ils suivent les couleurs ; mais nous signalons sans ménagement le danger de ces doctrines, parce que tôt ou tard ce danger, par l'entraînement ordinaire des passions, éclate au jour et menace tout le monde. C'est dans cet esprit de charité et dans ce but que nous disons : La réforme protestante, la philosophie voltairienne, avaient épuisé contre la religion catholique tout ce que l'esprit de secte et d'apostasie avait pu inventer de fureur ; *le libéralisme* révolutionnaire n'avait donc plus qu'un seul moyen d'attaque contre elle : l'*indifférence en matière religieuse.* Il s'en saisit avidement. Aussi, le plan adopté, les maîtres et les adeptes initiés se mirent-ils, qui dans la presse, qui à la tribune, qui dans le gouvernement, à étouffer tout discours, toute parole même qui pourrait raviver le passé et suscite la plus petite *discussion dogmatique*. Le silence ne servait-il pas mieux leurs desseins que toute l'éloquence des Mirabeau ? En effet, le libéral, qu'une éducation religieuse et éclairée ne protégeait pas contre l'influence des idées philosophiques, goûtait fort ce système d'indifférentisme, livré qu'il était tout entier à la pensée de l'ambition ou du lucre. Qu'avait-il à faire de toute idée surnaturelle, de toute croyance dogmatique, lesquelles pouvaient troubler les soins et les plaisirs du présent ? Voyez-le comme il va répétant, sur tous les tons, le mot d'ordre des chefs : « qu'il faut en finir avec les missions, les congrégations, les jésuites, le parti prêtre, etc. » Toutefois, et comme s'il eût eu besoin de s'enhardir contre sa conscience, il lui arrivait souvent de parler de morale, beaucoup de morale..... et le brave moraliste laissait, sans sourciller, entre les mains de sa fille ou de son fils, les romans-feuilletons, ouvrages destinés à corrompre non pas seulement le sens chrétien, mais le sens moral même ! Enfin, dans l'ivresse du libéralisme, on vit mille adeptes, s'exaltant de plus en plus, se glorifier de servir mieux les intérêts de la religion, par une telle conduite, que les ministres de cette religion. Quoi d'étonnant! « les *persécuteurs des apôtres s'imaginaient rendre gloire à Dieu.* »

Telle a été l'histoire religieuse, édifiante, de ce troupeau de moutons politiques, marchant à la suite des révolutionnaires sous la houlette du libéralisme.

Le réveil, qui a suivi l'ivresse, a été sans doute plein de honte et de remords. Les plus aveuglés par les passions ont pu se convaincre que l'indifférence, en matière religieuse, est un chancre, qui ronge insensiblement les consciences; que les atteintes portées à la considération de quelques membres du clergé, désignés sous le nom de *jésuites*, de *parti prêtre*, sont retombées de tout leur poids sur le corps entier; que le clergé et la religion étant solidaires aux yeux des peuples, la croyance catholique, le sentiment même religieux se sont affaiblis misérablement, dès que le sacerdoce a été avili par les calomnies du libéralisme. De sorte que les libéraux de la Restauration ou de l'établissement de Juillet, sans trop s'en douter, ont continué tout simplement l'œuvre de 93. L'extrême prudence des prêtres catholiques, leur inépuisable charité, ont seules empêché que les malheurs de cette époque n'aient été les mêmes en 1848.

Tel a donc été le résultat religieux de la troisième phase révolutionnaire; elle a paralysé l'influence bienfaisante du sacerdoce; elle a, par l'*indifférence religieuse,* étouffé dans les âmes le sentiment religieux, comme cela ressortira de plus en plus. Que peut-on imaginer de plus funeste à la religion?

Résultat social. — Nous entendons glorifier les trente années des deux dernières monarchies, on exalte surtout les progrès de l'industrie, de la science, sous le régime de *la paix à tout prix :* c'est très bien! il ne s'agit que de s'entendre.

Encore ici, comme dans le paragraphe précédent, nous déclarons qu'en attaquant le libéralisme, nous laissons en dehors tout homme en qui ne se personnifie pas le *principe libéral révolutionnaire.*

Cette déclaration faite, laquelle d'ailleurs se traduit à chaque page de notre écrit, nous n'accusons le libéralisme que dans son esprit général, dans son principe anti-catholique. Loin de nier les conquêtes nouvelles de l'industrie et de la science, nous sommes les premiers à les reconnaître, à nous en féliciter, — tant notre cœur est français ! — Oui, nous nous plaisons à le redire : la vie matérielle s'est enrichie d'une foule d'améliorations, qui l'ont rendue plus facile et plus douce : dans l'ordre moral même, des abus ont été détruits, des droits consacrés, des lumières répandues : la science a ouvert à l'esprit humain des horizons nouveaux. Certes, les presses mécaniques, le gaz, la vapeur, les chemins de fer, le télégraphe électrique, etc., sont des innovations, des progrès d'une haute portée, et à jamais honorables pour le génie de l'homme. Qui oserait le nier ? Mais ne pouvons-nous pas demander maintenant ce que toutes ces belles découvertes, ces perfectionnements sont devenus sous l'empire du *libéralisme*. A quoi donc ont-ils abouti ?

D'abord, considérons attentivement que les richesses des arts, de l'industrie, de la science, ne sont en elles-mêmes ni le bien, ni le mal, ni l'ordre, ni le bonheur : qu'aveugles par elles-mêmes, elles ne tirent leur fécondité et leur valeur que de l'emploi qu'on en fait, et de la direction qu'elles reçoivent de l'honnêteté de l'homme. Or, cette considération, si grave et si juste, une fois posée, demandons à la philosophie de l'histoire moderne quel a été l'emploi de ces richesses, quelle en a été la direction sous la main du libéralisme.

En propageant, ainsi que nous l'avons démontré dans le paragraphe précédent, l'indifférence en matière religieuse, le libéralisme n'a laissé de vivace dans les cœurs que l'égoïsme, ce monstre qui corrompt tout en absorbant tout : en baffouant tout ce qui personnifie la religion, il a brisé la seule influence capable d'arrêter, par les espérances de l'autre vie, la cupidité si prompte à la révolte, et de maintenir ainsi, dans la résignation chrétienne, les masses frémissant de se voir exhérédées à la fois des jouissances de ce monde et des félicités futures. Dès lors, notre société, si favorisée du ciel qu'on la supposât, devenue, sous les exemples et les leçons des libéraux, en proie à une désolante anarchie morale, incertaine de ce qu'elle devait penser, incertaine de ce qu'elle devait faire, sans règle, sans frein, sans direction, n'a pu que venir fatalement s'abîmer dans le socialisme... aussi inévitablement qu'un navire, bien qu'armé d'agrès puissants avec voilure, mâts, cordages, machine, canons, boussole, équipage, le tout capable de franchir les océans courroucés, de conquérir de nouveaux mondes, va se heurter contre des écueils, éclater en débris, et sombrer dans les abîmes, s'il affronte les tempêtes furieuses, s'il manque d'un pilote habile qui le dirige avec intelligence et amour du devoir.

Tel a été le sort de notre infortuné pays, malgré tous ses moyens de prospérité : tel a été *le résultat social* de la troisième phase révolutionnaire, *l'enfantement du socialisme*. Ainsi la question sociale va en s'amoindrissant de plus en plus, et le caractère révolutionnaire devient de plus en plus *brutal* : troisième enseignement.

CHAPITRE IV.

QUATRIÈME PHASE RÉVOLUTIONNAIRE.

Socialisme. — Son caractère et ses résultats.

PARAGRAPHE PREMIER.

Son caractère.

C'est pour la quatrième fois, — tant nous portons loin le scrupule d'écrivain exact et impartial ! — que nous faisons la remarque expresse, qu'en portant le flambeau de la logique des faits sur les diverses phases révolutionnaires, nous n'entendons point incriminer les intentions ni mêmes les actes, en tout et pour tout. Nous admettrons volontiers que, dans une certaine mesure, le socialisme a fait éclater des sentiments généreux, que, sous le nom de république honnête, il a fait preuve de dévoûment à la société menacée par le communisme ; que cette trilogie chrétienne, liberté, égalité, fraternité, qui brillait sur ses étendards, a pu fasciner bien des esprits, et entraîner les cœurs à sa suite. Mais ces réserves faites, nous soutenons que le *caractère spécial* du socialisme doctrinal a été la spoliation érigée en principe, la *glorification* des plus mauvais instincts de la nature humaine.

En effet, les écrivains et les orateurs de la république sociale ne la définissaient ils pas le gouvernement de tous, c'est-à-dire le pouvoir exercé par chaque citoyen? Mais une égalité de pouvoir, qui ne serait pas une égalité de bien-être pour les classes pauvres et plus nombreuses et plus fortes que les classes fortunées, serait une chimère..... Évidemment, le plus fort n'envie pas longtemps la prospérité de son voisin, quand il a le droit de gérer les affaires. Donc la dissolution des propriétés découlait naturellement du fond des doctrines sociales.

Le principe était posé, les conséquences devaient suivre. Seulement les républicains *honnêtes*, comme leurs devanciers les *honnêtes libéraux*, n'apercevaient pas les conséquences. Mais les républicains *conséquents*, tricolores pour l'instant, n'en travaillaient pas moins à atteindre le but. Aussi, voyez comme en attendant que la maturité fût venue, l'arbre produisait des fruits précoces, *le droit au travail*, *les ateliers nationaux*, *la banque populaire*, les projets *de papier-monnaie*, *d'impôt progressif*, etc. Ainsi se révélait le fond de la doctrine.

D'un autre côté l'*esprit*, qui animait les chefs et les initiés, se trahissait souvent par un cynisme que rien ne pouvait contenir. Proudhon, Blanqui et consorts glaçaient de terreur le parti républicain *pur*, par quelques-unes de ces maximes sacramentelles : « la propriété c'est le vol » : « la république c'est l'anarchie ou non gouvernement, » etc. Puis encore, pour surcroît d'embarras à la charge des républicains *retardataires*, quelques membres des sociétés secrètes, du reste parfaitement initiées à l'*esprit* des chefs, faisaient des insurrections sanglantes et si bien concertées, que la république *honnête* eût succombé sous leurs coups, si tout ce qu'il y avait de gens conservateurs dans la société ne se fût rallié contre l'ennemi commun. Toutefois, malgré leurs insuccès, les républicains-socialistes ne se décourageaient pas : on eût dit qu'ils ne faisaient que se retremper dans une nouvelle audace : en sorte que le 2 décembre, venant à éclater comme un coup de foudre, a ouvert les bas-fonds de la *république sociale*, et il a été donné de voir aux plus incrédules ce que le principe républicain y avait déposé d'*instincts pervers*, et jusqu'à quelle *profondeur*.

Donc et le fond de la doctrine dite républicaine, et l'*esprit*, qui a animé ses adeptes *conséquents,* ont démontré que le *caractère spécial* de la quatrième phase révolutionnaire a été *la glorification des plus basses passions de l'homme ;* donc encore, et pour la quatrième fois, la preuve logico-historique de la décadence du caractère national à chaque révolution.

PARAGRAPHE II.

Résultats.

1° *Religieux.* — La république de 1848 ne se montra point hostile au clergé : c'est une justice à lui rendre. Elle eut même pour lui une bienveillance qui surpassa *les faveurs* de la monarchie déchue. A vrai dire, le corps sacerdotal s'était montré si sage, et si étranger aux menées politiques, que l'influence, qui en était résultée pour lui, méritait bien certains égards !

Tout allait donc pour le mieux, ou à peu près, entre le prêtre et le républicain dit *honnête,* jusqu'au jour où, par la pente irrésistible du principe aux conséquences, la république, appuyée sur le principe révolutionnaire, ou omnipotence de la raison individuelle, tourna fatalement au socialisme, et fut arrêtée tout-à-coup par un bras vigoureux. Ce fut en ce jour mémorable du 2 décembre, jour de véritable manifestation pour tous les partis, que le lion révolutionnaire apprit à la religion ce qu'il lui cachait d'affection dans son cœur, en faisant supporter aux pauvres curés des campagnes les outrages les plus révoltants. Que lui réservait-il donc s'il eût été victorieux? C'est pourtant de l'histoire !

Mais si l'esprit religieux, si les actes de la république ont été, en se dévoilant, de plus en plus hostiles au sacerdoce, sa doctrine, du moins, était-elle dans le fond aussi évangélique qu'elle s'annonça d'abord? Voyons.

La réforme protestante avait mutilé l'Évangile; la philosophie voltairienne l'avait sacrifié à la souveraineté de la raison; le libéralisme l'avait frappé d'indifférence; la république doctrinaire l'embrassa pour l'étouffer en quelque sorte. En effet, elle commença par en proclamer la majesté, et à chaque jour qui s'écoulait, l'application qu'elle en faisait était complétement en dehors de l'enseignement catholique. Ainsi, pour elle le devoir évangélique de la charité se transforma bientôt en droit strict dévolu à l'incapable et au dissipateur, de partager le salaire, acquis par l'ouvrier habile, de dévorer le patrimoine de famille, ménagé par un héritier économe ; ainsi, l'inégalité des conditions, qui, d'après l'Évangile, est la base fondamentale de la société, fut déclarée une insulte à la dignité humaine ; ainsi l'autorité gouvernementale, établie par Dieu, selon l'apôtre saint Paul, fut qualifiée de tyrannie, et l'insurrection proclamée le plus saint devoir, etc. Finalement, la république doctrinaire se disait vouloir de l'Évangile, et réellement elle n'en voulait pas. C'était le chaos en religion, les ténèbres dans la lumière. Mieux eût valu de prime-abord la persécution ouverte que cette anarchie dans l'idée surnaturelle, que cet accouplement adultère de doctrines évangéliques en apparence, et de conséquences pratiques toutes philosophiques voltairiennes ! Il ne pouvait en naître que ce qui en est sorti, la profanation des églises et les violences infligées aux prêtres catholiques, quand le masque a été jeté et que le fond de la doctrine a paru au grand jour.

2° *Résultat social.* — Il est superflu de décrire les malheurs qu'ont enfantés les doctrines républicaines-socialistes. Ce tableau si triste et si saisissant est encore sous les yeux de tout le monde. Nous n'avons que des larmes à donner à de tels souvenirs ! Nous allons même plus loin, dans notre charité de prêtre, nous plaignons sincèrement ceux qui ont été les dupes et les victimes du socialisme. Aussi appelons-nous sur eux, et de tout notre cœur, la clémence du ciel et de la terre !

Serait-ce se montrer trop indulgent ? Mais, quand on sait que successivement la réforme protestante a brisé le frein de l'autorité, que la philosophie voltairienne a baffoué la révélation, que le libéralisme, en semant l'indifférence religieuse, a éteint dans les âmes le sentiment moral chrétien ; quand on sait avec quels moyens, avec quels efforts toutes ces doctrines dissolvantes ont été propagées, peut-on s'étonner que l'entraînement ait été si loin ? peut-on ne pas plaindre tant de malheureux, qui se sont trouvés en face de toutes les illusions séduisantes du socialisme, en proie à tous les appétits dévorants de l'envie et de l'orgueil, sans éducation morale, sans foi aux promesses immortelles de l'autre vie, sans le bouclier de la résignation chrétienne ? Oh ! nous les plaignons et nous prions pour eux avec toute l'effusion de la charité sacerdotale; mais notre conscience, d'accord avec la conscience publique, reconnaît la haute sagesse gouvernementale, qui n'ouvre les portes de la patrie qu'au repentir profond et manifeste. Car la société ne peut, hélas! oublier les périls immenses qu'elle a courus. Eh! où en serions-nous, si celui que la Providence avait choisi pour nous sauver n'avait frappé l'un de ces grands coups, qui sont inspirés par le ciel, et qui en ont toute la force? Sans la foi en sa mission, sans le dévoûment à sa personne d'une armée, que la discipline et l'honneur avaient protégée, contre la propagande socialiste, le pouvoir et la propriété, l'État et la famille, nous tous hommes de paix et de concorde, que dis-je, les auteurs mêmes du socialisme, eussions été ensevelis dans le même gouffre.

Les quelques jours d'existence, qu'a eus la république socialiste, nous ont pleinement édifiés sur les *résultats religieux et sociaux* que son triomphe eût apportés à notre infortunée patrie.

RÉCAPITULATION

DE LA PREMIÈRE PARTIE OU LE PASSÉ DE LA FRANCE.

En tenant à la main, comme nous l'avons fait, le flambeau de la logique de l'histoire, cette lumière qui brille comme les rayons du soleil, il se fait un jour où les esprits les plus réfractaires à la clarté aperçoivent des vérités saisissantes, et pourtant, hélas ! si peu connues jusque-là!

On se dit alors tristement, oh ! bien tristement : c'est donc là qu'ont abouti les diverses révolutions que la France a subies depuis trois siècles !

Quoi ! chacune d'elles nous promettait grandeur et félicité, et chacune d'elles a abaissé la question sociale et créé de nouveaux malheurs. (V. pages 12, 24, 34, 45.)

Mais enfin, tous ces révolutionnaires protestants, philosophes libéraux, socialistes - républicains, ont-ils, de prime-abord, compris la portée de leur œuvre?... Non, probablement non !... et ce, pour l'honneur de l'humanité. (V. pages 10, 25, 33, 45.)

Comment donc ont-ils pu être entraînés si loin ? Nous l'avons dit (page 16) : par l'inflexible rigueur de la logique. C'est elle qui, s'emparant du principe posé et admis à chaque révolution, de l'omnipotence de la raison individuelle, a poussé à toutes les conséquences de ce principe, pour satisfaire les passions insatiables que la raison, ainsi exaltée, fait naître dans le cœur de ce *souverain*. Ainsi Luther, ne voulant que *réformer* quelques abus qui s'étaient glissés dans le gouvernement de l'Église, ne prévoyait pas d'abord qu'il irait jusqu'à renverser le fondement même de cette Église, *l'unité apostolique*. Calvin, à son tour, en commentant un traité de Sénèque sur la tolérance, ne prévoyait pas d'abord qu'il enverrait son coreligionnaire Servet expirer sur un bûcher : et le tout, en vertu de sa souveraineté rationnelle, qui trouvait *très logique* de se défaire d'un rival, etc....

Les philosophes voltairiens, qui inaugurèrent 89 par un sublime accord de grandes pensées et de nobles sentiments, ne prévoyaient pas d'abord (page 27) qu'après avoir décapité l'autorité royale, ils en viendraient à se décapiter eux-mêmes : le tout, pour satisfaire leur ambition ; car, s'appuyant sur le principe de la souveraineté de la raison, ils trouvaient *très rationnelles* toutes ces sanglantes représailles...

Les libéraux, qui témoignèrent d'abord une si grande reconnaissance pour la royauté constitutionnelle, ne prévoyaient pas qu'ils enverraient ensuite deux rois en exil; mais l'orgueil et la cupidité, s'appuyant sur le principe de la souveraineté de la raison, trouvèrent qu'il n'y avait rien de plus *rationnel* que de commenter la Charte comme les protestants avaient commenté la Bible, et tout en la commentant, ils la confisquaient à leur profit, c'est-à-dire qu'ils la commentaient de manière à accaparer le pouvoir, à trafiquer des honneurs et des places, à ruiner tellement la royauté constitutionnelle, qu'elle est tombée au premier coup porté par la république de 1848.

Les républicains du 24 février 1848, même parmi les plus avancés, eux qui faisaient fusiller les pillards, eux qui se battirent vaillamment au 24 juin, pour défendre la capitale contre l'anarchie et le pillage, ne prévoyaient pas d'abord que l'orgueil et la cupidité, continuant à s'armer du principe de la souveraineté de la raison individuelle, trouveraient *très ration-*

nelles les attaques passionnées qu'ils ont dirigées ensuite contre le président de la république, et le tout pour le renverser et prendre sa place. Ils ne prévoyaient pas surtout que les républicains rouges, marchant à leur suite, c'est-à-dire suivant les inspirations du même principe de la souveraineté de la raison individuelle, trouveraient, au 2 décembre, *tout aussi rationnels* leurs attentats contre les personnes les plus inoffensives !

Concluons donc : dès que l'homme s'admire lui-même, qu'il s'exalte au point de ne rien voir au-dessus de sa raison (ce qui est précisément le propre du principe du libre examen), l'orgueil et la cupidité l'enivrent de cette ivresse intellectuelle, dont parle le sublime Paul, ivresse tout aussi réelle, tout aussi chancelante que l'ivresse des sens. Dès lors, pour qui connaît la logique des passions, il n'y a rien d'étonnant que cet homme roule dans les abîmes que nous avons signalés.

Concluons enfin que, dans tous les temps, dans tous les pays, la raison humaine a été comme le Saturne de l'antiquité ; elle est éternellement destinée à dévorer *ses enfants, tout ce qu'elle produit dans le cours des âges.* Cela est vrai de la logique de l'histoire révolutionnaire, que nous venons de dérouler. Pour nier maintenant ou rejeter un pareil enseignement, pour rêver de nouveaux systèmes politiques, sociaux ou religieux, dont la raison seule serait l'âme et la vie, il faut déjà être descendu dans les profondeurs de l'orgueil, où l'on ne voit que soi, et où l'on rejette dédaigneusement tout le reste. *Impius quum in profundum venerit, contemnit.* Franchement, si l'écrivain sérieux n'avait à parler qu'à de pareils endurcis, la plume lui tomberait des mains, et il se voilerait la face pour laisser passer sur leurs têtes la justice de Dieu. Mais fort heureusement le nombre en est petit, et si la miséricorde divine, si l'amour de la patrie ne les changent en d'autres hommes, notre écrit aura, dans tous les cas, signalé le danger de leur propagande, c'est beaucoup! c'est tout ce que peut l'écrivain!

Ainsi nous pensons, — si la logique des faits ne peut faire défaut, — que le *passé révolutionnaire* de la France, ce passé que nous avons montré couvert de sang et de boue, est assez approfondi dans ses *causes secrètes*, assez bien jugé dans son *esprit de doctrine*, assez apprécié dans ses *résultats religieux et sociaux*, pour que *chacun* en tire ce grand enseignement : qu'il n'y a de salut et de prospérité pour la France que dans l'*inflexibilité des principes chrétiens d'autorité* tels que nous les expliquerons bientôt. Rien n'est donc plus vrai, plus sage, plus profond que cette parole : « Créer « un système qui reconstitue l'autorité, etc., « c'est jeter les seules bases sur lesquelles puisse « reposer l'édifice social » (Napoléon III).

Maintenant que la lumière s'est faite, cette lumière de l'expérience fondée sur la logique, qu'il nous soit permis de détourner nos yeux encore humides de pleurs de ce passé funeste, pour les porter avec confiance *vers un présent* qui s'inaugure sous l'influence des principes politiques chrétiens.

DEUXIÈME PARTIE

LE PRÉSENT

> Il n'est pas besoin d'appliquer de nouvaux systèmes, mais de donner confiance dans le présent.
>
> (Paroles de l'Empereur NAPOLÉON III.)

Le présent de la France se résume en deux faits d'une immense portée, qui dominent tout le reste, savoir : *le rétablissement de l'empire français, et la situation actuelle des partis politiques.*

Sans doute l'empire, renaissant avec ses glorieux souvenirs, avec ses traditions de science gouvernementale, jointe à l'expérience des derniers temps, promet à la France une ère nouvelle de puissance, de grandeur et de prospérité !

Sans doute la volonté nationale, exprimée par 8,000,000 de suffrages, doit imposer grandement à tous les partis, et les réduire à l'impuissance !

Cependant bien des gens, mus par des sentiments divers, s'inquiètent, ou feignent de s'inquiéter, et ne posent, qu'en tremblant, le pied sur ce sol encore chaud de cendres politiques. Et que craignent-ils donc ces hommes de peu de foi, ou d'ambition déçue ?

Ecoutons-les, ils disent que le rétablissement de l'empire est, il est vrai, une imposante manifestation des vœux du pays, mais ils ajoutent qu'il ne leur semble pas possible de le concilier avec les principes de la France *catholique.*

Ils disent que les partis ont mis bas les armes, mais qu'ils ne se sont pas dépouillés de leurs perfides desseins, et que si l'océan politique est calme à la surface, il n'en mugit pas moins sourdement.

C'est donc *le temps de parler* pour un écrivain catholique, défenseur-né de la politique chrétienne, soldat dévoué au salut public, toujours *prêt à procurer le bien de tous, particulièrement celui de ses frères dans la foi.*

Ainsi donc, appuyé sur les paroles de l'apôtre, fort de la force de nos bonnes intentions, nous abordons avec confiance les deux questions capitales que nous venons de poser, afin d'éclairer la conscience de ceux de nos amis qui s'en préoccupent anxieusement, et afin de dévoiler la perfidie de ceux qui les jettent comme aliment à l'ambition déçue, à toutes les mauvaises passions.

Ce résultat est assez important pour que l'écrivain sacré *ait procuré le bien de ses frères.*

CHAPITRE PREMIER.

RÉTABLISSEMENT DE L'EMPIRE FRANÇAIS.

Sa légitimité, ses actes,

Jugés au point de vue catholique.

Si la France veut l'Empire, c'est qu'elle pense que cette forme de gouvernement garantit mieux sa grandeur et son avenir.

(NAPOLÉON III.)

Toute société est religion : elle repose nécessairement sur une croyance qui relie la patrie au ciel. Les hordes sauvages mêmes sont assujéties à cette loi morale.

Il est donc d'une nécessité de conservation, pour un gouvernement quelconque, de s'harmoniser avec les principes religieux du pays. C'est pour avoir manqué à cette condition vitale que les gouvernements, que nous avons vus à l'œuvre, ont fini si tristement.

Il était si facile, à un esprit attentif, de signaler la fausse route qu'ils suivaient, que dans une publication périodique, nous annonçâmes au mois de janvier 1848 la chute prochaine de la royauté constitutionnelle (1).

Ces prémisses posées, nous tremblerions pour la durée de l'empire français, s'il n'était pas démontré que son rétablissement est consacré par le principe politique chrétien, qui sauve les États, si les actes eux-mêmes du monarque n'étaient marqués de ce sceau divin. Grâce à Dieu ! nous pouvons pleinement nous rassurer..... Voici les preuves sur lesquelles se fonde cette assurance, qui doit être la garantie du sort heureux réservé à la France catholique.

PARAGRAPHE PREMIER.

De la légitimité de l'empire français au point de vue du principe religieux.

On s'étonnerait, jusqu'à douter de la réalité, même du sens commun, — si l'on ne connaissait quel est l'aveuglement des passions, — en voyant par quelle série de *gloses*, de *commentaires*, *d'interprétations*, c'est-à-dire de contradictions, a passé le principe politique

(1) *Voix de l'Église*, livraison de janvier 1848.

chrétien. Non, il n'est pas de *patient* qui jadis ait été plus tourmenté dans tous ses membres.

Nous en avons fait le martyrologe dans notre *politique du clergé.* Qu'il nous soit permis d'y renvoyer ceux de nos lecteurs qui tiennent à s'édifier complétement sur ce passé politico-dogmatique, si peu connu et pourtant si digne de l'être !

Au reste, les temps que notre génération a parcourus, et notre présent lui-même, ont assez de quoi nous éclairer sur les tortures infligées par les partis au principe politique chrétien, *le tout,* afin de le *plier aux nécessités de la cause.*

En première ligne, nous trouvons des *légitimistes quand même*... Les uns par tradition de famille, les autres par position d'état, ont sué et suent encore à la peine, pour tirer de ce principe ce qu'ils appellent un droit divin, en vertu duquel, — selon eux, — le trône de France ne peut être occupé que par un Bourbon, et cela, jusqu'à l'extinction de l'auguste race.

Ce qu'il y a de plus curieux, c'est qu'ils revendiquent en leur faveur l'autorité de l'Église. A vrai dire, ils sont un peu excusables. Le haut clergé était placé si près du trône, et la royauté si ombrageuse, qu'il était bien permis à l'Église, pour le besoin de la paix, de laisser dans les nuages ce point de politique chrétienne. Mais aujourd'hui, la vérité tout entière peut se dire, doit même se dire, et nous verrons bientôt que le *droit divin* des monarques est entendu dans un tout autre sens que celui qui lui est donné par des légitimistes, fort honnêtes gens, mais peu versés dans l'enseignement catholique.

Après quelques légitimistes *quand même...* viennent, et tout naturellement, les partisans *extrêmes* de la souveraineté nationale. Ceux-là insultent bravement à toute espèce de droit divin : ils ne reconnaissent que le droit à l'insurrection, au nom de l'égalité chrétienne. C'est du radicalisme à la fois religieux et politique. Mais au fond, sur quoi se fondent-ils, quelles sont leurs idées arrêtées ? Il est difficile de le concevoir *rationnellement* : nous doutons même qu'ils aient quelque principe politique religieux. Du reste, nous leur prouverons que leur politique est tout-à-fait en dehors de l'enseignement catholique.

Enfin se présentent à nous les hommes d'ordre et de conservation. Amis de la vérité, ils veulent sincèrement le triomphe des saines doctrines. Mais c'est précisément sur ce point qu'ils s'abusent. En effet, nous leur prouverons qu'ils méconnaissent le principe sur lequel se fonde l'autorité, qu'ils la rendent ainsi chancelante, en l'exposant à toutes les luttes de la discussion, à toutes les attaques de la souveraineté *individuelle.*

Ainsi, on le voit, les ténèbres sont épaisses autour de ce principe de vie sociale. Il est temps que la voix de la vérité domine la voix des partis. Le principe politique catholique, le seul vrai, le seul qui émane de la religion du Christ, est le seul qui puisse faire fleurir un empire catholique. *Veritas liberabit vos.* Qu'il soit donc connu et respecté de tous!

PARAGRAPHE II.

Principe politique chrétien.

Ce grand principe, que toute l'Eglise préconise, que son enseignement a proclamé dans tous les temps et dans toutes les parties du monde, est conçu en ces paroles divines : « Que « chacun soit soumis aux puissances de la « terre, non-seulement par la crainte du châ- « timent, mais par devoir de conscience, car

« tout pouvoir est de Dieu. Ainsi, quiconque « résiste à ce pouvoir, résiste à l'ordre harmo- « nique établi par Dieu » (S. Paul).

Rien de plus explicite, de plus clair, de plus formel ; il n'y a pas de distinction à établir entre les souverains légitimes et de fait, entre les princes justes et cléments et les tyrans oppresseurs. C'est d'ailleurs dans ce sens *absolu* que J.-C. et ses apôtres ont donné l'exemple de l'obéissance due aux pouvoirs établis. Les premiers chrétiens ne courbèrent-ils pas également la tête, et ne se laissèrent-ils pas égorger par les Césars persécuteurs, plutôt que de s'insurger contre eux ? et pourtant, selon le témoignage de Tertullien, ils étaient les plus forts et les plus nombreux. Aussi, le principe d'obéissance et de soumission à tout pouvoir établi fut-il religieusement observé par le peuple chrétien, jusqu'à ces jours de triste mémoire, où des docteurs infatués de leur vaine science s'élevèrent de toutes les écoles, *sans exception* (1), et osèrent, tant l'orgueil est habile à tromper les consciences ! professer l'abominable doctrine du tyrannicide.

(1) Voir la *Politique du clergé.*

L'Eglise de France fut quelque temps comme frappée de stupeur. Mais l'erreur de quelques-uns ne put prévaloir contre la tradition constante et l'enseignement catholique de tous les temps passés.

L'Eglise, les supérieurs même des corps religieux, dont quelques membres s'étaient laissé entraîner à la nouveauté, condamnèrent impitoyablement tous ces fauteurs de fanatisme religieux-politique. Depuis, le soleil de la vérité n'a cessé de briller sur notre France religieuse malgré ou plutôt contre les hallucinations de la raison individuelle proclamée souveraine par le protestantisme.

Ainsi, l'enseignement catholique, expression solennelle de la croyance de l'Eglise, a toujours maintenu comme sacré et divin le grand principe d'obéissance et de soumission au pouvoir établi. Le contredire est plus qu'une erreur, c'est une absurdité.

On ne répond pas à une absurdité ! Car c'est le cas de dire avec Madame Dudeffant, « que répondre à qui vous traite de porte d'en-« fer ? »

Mais pour élucider complétement ce point de politique sacrée, sur lequel pivotent tant de sentiments divers, nous abordons sans délai un autre principe politique qui, se liant, et même par devoir de conscience, au principe politique chrétien d'autorité (ou droit divin), renferme et consacre un autre droit, appelé *droit public, droit national*, et, par la diplomatie, *droit européen.*

La connexité qui se trouve entre ces deux droits prête le flanc à bien des sophismes, à bien des égarements de l'esprit. Il importe donc, il importe beaucoup, de les distinguer, et d'attribuer à chacun ce qui lui est propre, ce qui en est la portée et la valeur.

— *Premièrement.* — *Le droit divin,* en vertu duquel tout homme établi supérieur ou souverain, sous quelque dénomination que ce soit, commande à d'autres hommes, et doit obtenir d'eux soumission, respect et obéissance, *comme un devoir de conscience,* a sa source dans la souveraineté de Dieu, *tu solus Dominus;* son autorité, dans la volonté de Dieu, qui a créé l'homme pour la société, dont l'harmonie admirable ne saurait subsister sans ordre hiérarchique, c'est-à-dire sans l'obéissance religieuse, à ceux qui régissent cette société. Voilà pourquoi il a été révélé d'en haut : « Quiconque résiste aux puissances établies de Dieu, résiste à l'ordre social qu'il a fondé. »

Tel est le *droit divin*, consacré par l'enseignement catholique, tel est le grand principe d'autorité regardé par tout philosophe chrétien comme le seul fondement de la société, comme le seul appui inébranlable des empires.

Que dis-je ? ceux qui seraient tentés de le contester auraient-ils si tôt oublié les calamités publiques, dues au principe opposé, qui fait de l'insurrection le plus saint des devoirs ?

Et encore ! n'auraient-ils pas à rougir de honte, ou, ce qui est pis, de remords, en entendant un des philosophes les plus célèbres du polythéisme, l'un des plus ardents républicains de Rome, consigner dans une œuvre de sagesse ces paroles mémorables : « Dans une monarchie, accordez au prince tout ce que vous pouvez lui accorder de soumission. Quand il ne peut être persuadé, le forcer ne me paraît point permis (Cicéron, *Ad Fam.*, liv IX).

Mais on nous dit : Avec votre droit divin, vous légitimez toute tyrannie, vous courbez nos têtes à perpétuité sous le joug d'une dynastie incapable de régner, ou gouvernant selon son bon plaisir, sans contrôle et sans résistance.

Nous répondons : C'est vrai, nous restons fidèles même aux princes persécuteurs, nous leur obéissons *en conscience* dans *tout ce qui n'est pas contraire à la loi de Dieu* (« auquel nous savons qu'il faut obéir plutôt qu'aux hommes ») : en aucun cas nous n'avons recours à l'insurrection, à la révolte : cela, nous venons de le dire, est contre la loi divine et contre le repos et le bonheur de la société. — Mais nous sommes loin de *légitimer la tyrannie*, nous la supportons, comme un mal permis par Dieu, comme un mal moindre qu'une révolution : nous la supportons, mais nous la condamnons avec ces paroles de notre évangile : « Le prince est établi pour le bien » *Dei minister est in bonum ;* malheur à lui s'il n'est pas le ministre d'un Dieu juste, bon et miséricordieux ! *Potentes potentioribus tormentis torquentur.* Cette croyance ne laisse pas que d'inspirer des craintes *salutaires*, plus salutaires souvent que les menaces des mécontents révolutionnaires...

Nous supportons la tyrannie, nous ne nous insurgeons pas contre le chef d'une dynastie, qui, dites-vous, peut ainsi durer des siècles.

Que voulez-vous ! alors même que l'histoire

politique de notre France ne nous aurait pas appris, trop bien appris, que les changements de gouvernements et de régimes sont loin d'améliorer notre sort, nous n'en serions pas moins confiants aux soins de ce Dieu, qui renverse les trônes et les relève, toujours pour le bien de ses élus, *omnia propter electos* : nous n'en serions pas moins sûrs, que ce Dieu, faisant tourner la malice des hommes ambitieux, n'ayant de chrétien que le nom, à ses desseins sur les nations, tirera bientôt une vengeance éclatante des oppresseurs de son peuple : il lui suffira de les abandonner à eux-mêmes, pour que leur puissance s'écroule sous une révolution aussi soudaine qu'imprévue. Les instruments de désordre et de cupidité ne manquent jamais : il y en a toujours trop ! le chrétien n'a que faire de s'inquiéter, quand finira, ni comment finira l'oppression, il laisse faire à Dieu !.. Aussi bien les politiques, qui ont voulu, ou qui veulent mener le monde, ont-ils passé et passeront-ils encore par tous les genres de déception. Qui ne le sait ? qui ne l'a dit ? Non, il n'est pas de sagesse ni de science contre la sagesse et la science de Dieu !

— Enfin, *nous ne nous insurgeons pas contre*

la tyrannie ou contre ce que les partis politiques appellent de la tyrannie.

C'est en effet notre politique à nous catholiques soumis à l'enseignement de l'Eglise. Mais est-ce à dire que d'après nos principes nous soyons condamnés au mutisme servile d'hommes sans pensée et sans énergie? A Dieu ne plaise! la bouche du catholique même le plus dévoué au pouvoir établi pourra bien dans l'occasion répéter le terrible *non licet*, qui fait pâlir les tyrans : son cœur courageux, sans s'écarter des limites de la soumission, saura bien trouver des moyens de résistance légale, constitutionnelle, d'autant plus forte qu'elle s'inspire de Dieu. Un homme honnête et respectueux en face d'un tyran est plus redoutable pour lui qu'un homme de parti armé de l'étendard de la révolte.

Nous le demandons maintenant avec une certaine satisfaction : le principe politique-chrétien, ou *droit divin*, envisagé ainsi dans sa valeur, dans sa portée vraie, telle que le comporte l'enseignement de l'Église, ressemble-t-il à celui que les écrivains et les orateurs des partis invoquent ou répudient? Il était bon que la lumière se fît!

Deuxièmement, — le *droit public*, — le *droit* dit *européen.*

Des écrivains illustres, qui sont à juste titre regardés comme les organes de l'enseignement catholique, ont reconnu et défini le *droit public* en ces termes : « Puisque la loi trace le devoir de l'homme en vertu du bien public, la société seule, ou le prince *représentant* la société, a le droit de faire la loi » (saint Thomas, t. 2, quest. 20).

« Entre Dieu et le roi se trouve le peuple » (Bellarmin, *De potestate pont.*).

« La puissance temporelle *vient* de la communauté qu'on appelle nation » (Fénelon).

« Nous soutenons que la puissance des rois n'est pas tellement de Dieu qu'elle ne soit aussi du consentement des peuples » (Bossuet).

Ainsi d'un côté le droit souverain, le droit de commander aux hommes et d'en être obéi, est, comme nous l'avons vu plus haut, le *droit divin* que Dieu seul possède ; et, d'un autre côté, ce Dieu en ayant fait la base nécessaire de l'ordre social, il l'octroie à ceux qui le représentent sur la terre; or, depuis que les prophètes d'Israël ont cessé de sacrer les rois en son nom, c'est le peuple, ou la communauté qu'on nomme nation, qui donne *médiatement* l'investiture de la souveraineté. C'est ainsi qu'*entre Dieu se trouve le peuple :* que la puissance souveraine ne *vient pas tellement* de Dieu, qu'elle ne soit *aussi du peuple ;* que la puissance *temporelle vient de la communauté ;* qu'en un mot le peuple est souverain *médiatement,* c'est-à-dire comme le délégué de Dieu, seul souverain suprême. De la sorte, le prince choisi par Dieu (de la manière que nous le dirons plus bas) *règne par la grâce de Dieu* et commande en son nom : *propter conscientiam.* Mais il est encore l'élu du peuple, il règne donc par la volonté de ce peuple.

Toutefois, cette élection, cette investiture du pouvoir, ou, selon l'expression française, cette élévation sur le pavois, *n'a lieu qu'à certaines conditions consenties par le peuple et le souverain.* Ces conditions se formulent en un corps de règlements appelé constitution, laquelle définit la forme du gouvernement ; et, sans toucher en rien au *droit divin* du pouvoir, elle en réglemente *l'exercice.* De là, ce que nous nommons *droit public.*

Ainsi, ces deux droits sont, comme on le voit, parfaitement distincts l'un de l'autre, mais ils sont étroitement unis par la main de Dieu. Dans le monarque, je connais le représentant de Dieu par le *droit divin*, c'est-à-dire, je reconnais qu'il tient de Dieu le pouvoir souverain, et j'obéis en conscience à son commandement *propter conscientiam* : je reconnais l'élu de la nation, le chef de l'État par *le droit public ;* c'est-à-dire, je reconnais qu'il exerce le pouvoir au nom de tous, et je le sers comme je servirais mon *pays* avec fidélité et dévoûment.

Telle est la politique sacrée ! et cette politique est si vraie, qu'elle seule tranche toutes les difficultés avec les seules lumières de la raison, tandis que toute autre politique ne les tranche qu'avec le fer ! Elle est si intimement unie à l'ordre social, qu'elle ne peut en être séparée sans que tout pouvoir temporel, qu'il se nomme république, monarchie, royauté, empire, etc., s'écroule sous les coups de la logique révolutionnaire. Tout cela est intéressant et utile à connaître ; tâchons de l'établir clairement, ce sera du reste un moyen nouveau de répondre aux objections des partis politiques.

Nous répondons *premièrement* aux champions de la souveraineté *immédiate* du peuple, — qu'ils s'appellent républicains, démocrates-socialistes, royalistes conservateurs ou constitutionnels, — nous leur répondons qu'ils fondent le pouvoir sur le sable mouvant, parce qu'ils basent leurs théories sur le devoir civique interprété par la raison individuelle. Or, nous avons vu dans la logique de l'histoire que ce principe politique était la source de toutes les révolutions (p. 20, 24, 38, 45). En effet, cette raison souffle aux uns que les mandants ont toujours le droit de révoquer leur mandataire, aux autres qu'on ne saurait admettre qu'une génération puisse lier la génération suivante, à ceux-ci que chacun n'a besoin que d'en appeler au for intérieur, pour juger la conduite du pouvoir et la condamner souverainement ; à ceux-là, que de s'insurger contre un oppresseur qu'ils tiennent pour tel d'après les instincts de la conscience, est le plus saint des devoirs. Donc, en dehors du *droit divin*, l'obéissance au pouvoir ne peut être que livrée à l'esprit de contradiction, et conséquemment être vaine, illusoire. Donc le droit divin est la clef de l'édifice social, et malheur aux nations chrétiennes qui seraient tentées de le répudier ! Mais qu'on ne s'y méprenne pas, nous entendons ce droit tel que nous l'avons défini (p. 67) ; nous ne voudrions en aucune manière nous faire garant des mille et mille interprétations dont il est l'objet. Entre autres nous repoussons cette niaiserie, que prêtent les démocrates aux royalistes, de croire que Dieu élit et désigne les rois, comme il le faisait sous le régime théocratique des Hébreux. Nous tenons cette supposition, cette imputation, pour absurde, si elle n'est calomnieuse; et depuis que la voix de Dieu a cessé de se faire entendre par la bouche de ses prophètes, cette voix se fait entendre pour nous dans les acclamations du peuple : *vox populi, vox Dei.* Notre pensée va devenir encore plus claire et plus explicite.

SUFFRAGE UNIVERSEL.

Quand le suffrage universel a relevé l'édifice social, est-il sage, etc.

(NAPOLÉON III.)

Oui, nous le répétons, l'acclamation, ou plutôt le suffrage universel d'un peuple, est l'écho fidèle de la voix de Dieu : *vox populi, vox Dei* ; mais pour qu'il ait cette sublime signification, il faut qu'il soit pur de tout alliage de passions politiques ou d'intérêts de foyer et de localité. Et comment?

Cet appel suprême à la sagesse du peuple se fait toujours, lorsque la crise sociale est arrivée à son apogée, lorsque le salut de tous demande une prompte et salutaire solution ; car le pouvoir, non plus que le personnage qui doit l'exercer, ne peut rester indéterminé, sans que l'ordre social ne soit profondément troublé. Chacun donc est dans l'attente, et toutes les préoccupations sont tournées vers le bien public : on n'a d'inquiétudes et de soucis que sur l'élection qui se prépare. Les plus saintes, les meilleures dispositions remplissent tous les cœurs : n'est-ce pas un vote de vie ou de mort sociale que chaque citoyen porte dans sa main? Ne craignez donc pas qu'il s'y méprenne ; jamais les instincts de conservation ne font défaut à l'homme.

Mais, dira-t-on, tout ce peuple ne connaît pas, ne peut pas connaître le *prétendant* qui mérite réellement ses suffrages. Qu'on se détrompe ! nous défions de nous prouver que jamais l'élection d'un souverain ait été laissée ainsi dans les ténèbres ; toujours les circonstances ménagées par la Providence ont amené et amèneront sur la scène un homme visible pour tous, parce qu'il est ou sera connu de tous ou par lui-même, ou par les souvenirs qui s'attachent à lui. Oh ! alors, soyez-en sûr, les passions mauvaises, les intérêts particuliers, auront beau s'agiter autour du peuple ; il est sous le charme, s'il est permis de s'exprimer ainsi, de l'action providentelle ; et les inspirations seules de son cœur lui font reconnaître merveilleusement l'élu de Dieu dans celui que des causes amenées de si loin et si peu prévues ont élevé assez haut pour le désigner à tous les regards. Rien de plus sûr, rien de plus clair !

Mais le souverain ainsi élu, s'il acquiert des droits à l'obéissance et à la fidélité des citoyens, contracte aussi des devoirs et des obligations. Ces conditions des deux parties, souverain et sujets, forment un contrat synallagmatique qui se formule en ce qu'on appelle constitution, laquelle règle la forme du gouvernement, le mode de succession élective ou héréditaire, et porte le nom de *droit public* national.

Maintenant il est facile de concevoir que ce droit public, qui naît de circonstances toutes providentielles, oblige le souverain et le peuple jusqu'à ce que la Providence, pour l'accomplissement de ses desseins secrets, ait remis le gouvernement de l'État en d'autres mains : alors le fait providentiel étant accompli, le nouveau souverain a droit à l'obéissance, à la fidélité de tous les citoyens, parce que Dieu, qui a fondé l'ordre social, ne veut pas que le monde moral, pas plus que le monde physique, soit agité de perpétuelles tempêtes; parce que le contrat synallagmatique dont nous avons parlé ne saurait comporter une obligation de conscience *contraire au bien de la société.*

Il suit de là que le *droit public* vient aussi de Dieu, et que la religion ne fait, par son principe de *droit divin,* qu'en mieux préciser l'obligation, en *révéler* toute la sainteté par sa sanction divine.

Il suit de là que ceux qui rejettent tout droit *divin,* ou qui proclament la souveraineté nationale en dehors de l'action providentielle, sont *théoriquement des révolutionnaires,* renversant la base de toute constitution.

En effet, comment se persuader que la génération nouvelle se trouve liée par les engagements de celle qui la précède, si ces engagements n'ont été que *personnels aux premiers constituants* (ce qui serait réellement) ; si les nécessités du fait accompli providentiellement n'avaient fait de ces premiers contractants des *délégués* en quelque sorte *providentiels,* chargés de rétablir sur sa base l'ordre social, qui vient de Dieu?

Il suit de là que les légitimistes exagérés sont en contradiction ouverte avec le principe qu'ils invoquent. En effet, qu'est-ce que la légitimité? C'est ce droit héréditaire qui prend sa source dans le droit public, et qui plus il s'enfonce dans la nuit des âges, plus il est réputé légitime, parce que les dynasties des usurpateurs passent vite.

Or, ce droit de légitimité, quelque sacré qu'il soit par son antiquité, dès lors qu'il a pris sa source dans le *droit public*, c'est-à-dire, *dans les conditions providentielles d'un fait accompli*, cesse évidemment avec des conditions analogues, qui, de par Dieu et de par le salut public, — ce qui est le cas présent, — modifient essentiellement ce droit public ou en fondent un nouveau.

Mais de là naît une légitimité nouvelle, et invoquer contre elle un principe qui lui sert de fondement, n'est-ce pas une contradiction flagrante? n'est-ce pas plutôt manquer à un devoir de conscience? Et refuser le serment de fidélité à un souverain dont la légitimité est consacrée et par le droit public et par le droit divin, n'est-ce pas vouloir maintenir l'état revolutionnaire, embrasser, sans s'en douter, les doctrines de ses éternels ennemis?

Les légitimistes *quand même...* ne le comprendront-ils pas enfin? Nous l'espérons!

Il suit des raisonnements établis plus haut

que ce qu'on nomme *droit européen*, lequel, dit-on, se soumet au fait accompli, en *réservant* l'avenir, a besoin d'être expliqué.

S'il s'agit, comme nous aimons à le croire, de *réserver l'avenir* dans ce sens, que les monarques *héréditaires* entendent par là s'opposer à toute révolution, ou bien, le cas échéant *des circonstances providentielles*, s'ils entendent que le monarque déchu, ou l'un de ses héritiers, venant à revivre dans les souvenirs de la nation, ils seront les premiers à seconder, par leur influence, sa nouvelle élection, il n'y a rien là qui soit contraire à la saine doctrine. Mais si l'on entend par *droit européen* le *droit d'imposer par la force* un souverain à une nation, de *réserver* l'attaque pour *toute circonstance paraissant favorable à ce dessein*, ce serait porter un défi à la nationalité des peuples, défi dont les conséquences seraient une conflagration générale, funeste à tout le monde et réprouvée par le sens moral chrétien : ce serait donner satisfaction aux radicaux socialistes qui, ne voyant, — et à juste raison, — qu'une menace de prise d'armes dans *cette réserve de l'avenir*, l'exploiteraient habilement pour achever de détruire, dans l'esprit des peuples, toute idée de droit et de devoir dans la conscience publique. Non ! les rois de l'Europe ne sauraient prendre dans *ce dernier sens* ce que l'on nomme bien improprement le droit européen ; leur intérêt seul s'y oppose et leur religion le condamne. Ils ne peuvent le prendre que dans le premier sens que nous avons indiqué, et il n'y a rien que d'honorable dans ce culte des vieux souvenirs, mais aussi rien qui ne rassure le présent de la France.

RÉSUMÉ DE CE QUI PRÉCÈDE ET APPLICATION AU NOUVEL EMPIRE FRANÇAIS.

Le *droit divin,* que les démocrates réprouvent sans le comprendre, que quelques légitimistes confondent avec le droit public, n'est autre que le *grand principe d'autorité, qui oblige tout chrétien à se soumettre en conscience au pouvoir établi, parce qu'il vient de Dieu, et que troubler l'ordre social c'est résister à Dieu lui-même* (saint Paul).

Le *droit public,* que comprennent mal des gens de tous les partis politiques, est le *droit résultant* de la constitution nationale : vrai contrat synallagmatique, accepté d'une part par le peuple, qui, devenu souverain de par la Providence, confère *médiatement* la souveraine puissance à celui qu'il regarde comme l'élu de Dieu ; et, d'autre part, accepté également par le souverain, qui s'engage à faire servir au bien général cette puissance qu'il tient *immédiatement* de Dieu : *Minister est Dei in bonum.*

Une telle constitution, un tel contrat consacré par la sanction divine, ne cesse d'obliger que dans le cas où des causes providentielles analogues à celles qui l'ont marqué du sceau divin, renversent un trône et en fondent un nouveau. Hors de là, nul ne peut *en conscience, et sans résister à l'ordre établi par Dieu,* travailler à renverser cette constitution, ou à la modifier dans son essence, ni refuser ses services au souverain, qui s'appuie ainsi et sur le droit public et sur le droit divin. Tout cela est clair, simple, facile à saisir, conséquemment digne de la doctrine évangélique, qui est la lumière éclairant tout chrétien savant ou ignorant. Sans nul doute la vérité est là.

Maintenant si nous en faisons l'application au nouvel empire français, quel enseignement pouvons-nous recueillir? Quel gage de sécurité avons-nous à attendre ?

Qu'on nous dise si jamais l'élection d'un souverain apparut plus providentielle ! si jamais l'acclamation du peuple fut plus véritablement la voix de Dieu !

D'un côté, nous avons vu, ramené par la Providence sur la scène politique, un prince d'un nom connu jusqu'à la dernière chaumière, et, par conséquent, désigné aux suffrages du plus grand nombre ; de l'autre, la situation était si tendue, que l'instinct seul de la conservation faisait taire dans les cœurs tout autre intérêt que l'intérêt du pays. Donc l'élection qui allait sortir de l'urne électorale, ne pouvait être que sage, et en tout conforme aux vues de la Providence; qui avait tout disposé à ce dessein. Aussi ne pourrait-on nous montrer dans l'histoire un monarque qui ait été, et à deux fois, élevé sur le pavois et si haut et par tant de bras. Un fait si éclatant a porté au loin la conviction. Le chef suprême de la catholicité, suivant en cela les traces de ses illustres prédécesseurs, s'est empressé de reconnaître le nouvel empereur, et les souverains étrangers ont imité cette sage politique.

Le nouvel empire français repose donc sur ce qu'il y a de plus saint et de plus fort, sur l'intervention providentielle, solennellement, visiblement manifestée, sur le droit divin et sur le droit public. C'est là la vraie, la seule *légitimité* consacrée par la raison et par la religion chrétienne. Opposer une autre légitimité à cette légitimité, c'est être révolutionnaire au même titre qu'un socialiste qui opposerait au principe chrétien le principe démocratique à son point de vue : c'est, en un mot, invoquer le principe révolutionnaire, plus ou moins dissimulé, que d'ajouter au droit divin et au droit public, tels que le principe chrétien les consacre, ou d'en retrancher quelque chose.

Ces considérations doivent éclairer tous ceux qui ne sont qu'égarés. Nous l'espérons du bon sens public et des sentiments religieux qui dominent en France. C'est assez ! c'est beaucoup ! bien coupable et surtout bien insensé serait le Français chrétien qui, par préjugé d'éducation, par intérêt de position ou par esprit de parti, fermerait les yeux à la lumière qui jaillit du principe politique-chrétien, comme de la source de vérité !

DES ACTES DE L'EMPEREUR

EN REGARD

Des principes politiques-chrétiens.

Fonder un gouvernement qui soit pour base la justice, la probité, l'amour des classes souffrantes, etc.

(NAPOLÉON III.)

La raison de toute société civilisée est d'être à la fois religieuse et politique. Ces deux rapports dérivent de la même source, de Dieu, créateur et fondateur souverain de l'ordre social. Aussi le christianisme, ce grand résumé de toute sagesse, outre la fin divine pour laquelle il a été donné au monde, offre encore la seule constitution parfaite qui puisse réellement s'appliquer à l'état social humain, et qui, si elle était réellement et entièrement pratiquée, rendrait les hommes, peuples et souverains, aussi complétement heureux qu'ils peuvent l'être, même dès cette vie. Car, selon l'admirable parole de M. Châteaubriand, « on trouve dans l'Évangile tous les principes politiques, applicables à tous les accidents de la vie. »

Ainsi donc, la vraie politique, la seule qui puisse faire fleurir les empires, et assurer le bonheur public, est la politique chrétienne. C'est ainsi que l'a établi l'arbitre suprême de toutes choses, quand il a dit : « Tout souverain est le ministre de Dieu *pour le bien.* » Par conséquent, et dans un sens opposé, toute politique ou l'exercice du pouvoir qui, dans des États chrétiens, tend à substituer aux éléments divins de l'ordre social les principes et les moyens purement humains, est en contradiction avec elle-même, s'écarte de sa fin, devient subversive, révolutionnaire, et appelle sur les souverains et sur les empires les châtiments réservés aux contempteurs de la science de Dieu. Tel est, en effet, l'enseignement que nous avons fait ressortir de la logique des faits, dans la première partie de cet ouvrage. Nous y avons vu comment tout système opposé aux principes politiques-chrétiens, qu'il se nommât *réforme religieuse, philosophie voltairienne, libéralisme, socialisme*, n'a jamais engendré que des révolutions funestes à la société tout entière. Et pourquoi ?

Parce que la politique sacrée renferme la perfection de l'état social, puisqu'elle contient seule les maximes fondamentales qu'on peut, à juste titre, appeler le *sine quâ non* nulle société ne saurait se tenir debout.

Et ces maximes elles-mêmes, qui peut en assurer la pratique, si ce n'est cette loi évangélique dont la balance et l'épée sont au ciel ? Or, ce que Dieu a conçu, il l'a conçu pour l'éternité. Donc, les efforts des hommes doivent tendre, non à embellir les préceptes politiques-chrétiens, mais à en obtenir, ce qui est le vrai progrès social, l'*accomplissement* de plus en plus *réel.*

Si donc nous avons à constater quelles destinées attendent un souverain et l'empire qu'il gouverne, la règle infaillible à suivre est de rechercher si la politique appliquée à l'exercice du pouvoir est le reflet ou non de cette politique chrétienne, source d'espérances et de craintes, principe fécond de ces nobles sentiments qu'on appelle *honneur*, *conscience*, *probité*, *patriotisme.*

Et comme, selon la belle expression du livre

divin, « nous n'avons pas à traverser les mers « pour trouver la règle des pensées et des ac- « tions des hommes, que nous n'avons qu'à « rentrer dans nous-mêmes, » le *sens moral chrétien*, dans les limites que nous avons assignées à la raison, suffit à lui seul pour juger sainement l'action gouvernementale du pouvoir souverain. Là sont toute la vie et la force des sociétés.

C'est donc à ce diagnostic moral-chrétien qu'il nous est permis de soumettre les actes politiques du monarque donné par Dieu à notre belle France.

La lumière de la vérité est comme la parole divine, elle ne *se répand jamais en vain*, et nous ne dirons que la vérité.

Avant tout, — il faut qu'on le sache, — ce n'est pas aux actes secondaires du pouvoir que nous devons appliquer la règle de la politique sacrée. Elle vise plus haut. Ayant à rechercher quel sera le sort d'un empire, elle délaisse les choses que Dieu a livrées aux disputes des savants politiques, et s'attache uniquement à comprendre et à constater l'*esprit*, la *signification* de ces grands actes qui n'intéressent que le bien général; car ce sont là des actes de la plus haute moralité, des actes de justice souveraine, qui élèvent ou abaissent les nations : *Justitia elevat gentes, miseras autem facit peccatum.*

PREMIER ACTE.

Le premier acte politique, qui révéla aux yeux chrétiens l'homme appelé à de hautes destinées, fut celui par lequel le neveu de l'Empereur donna à la France l'assurance et le gage de sa volonté inébranlable de rétablir le grand principe chrétien d'autorité. Personne n'a oublié ces belles paroles : « Quand on a l'honneur d'être à la tête du peuple français, il y a un moyen sûr de faire le bien, c'est de le vouloir..... Il est temps que les bons se rassurent et que les méchants tremblent. »

A cette voix, qui réveilla tous les échos de l'Empire, les partis frémirent ; ils se sentaient instinctivement frappés au cœur ; mais la France chrétienne tressaillit de joie et attendit confiante l'accomplissement de *la promesse.* Elle n'attendit pas longtemps ! Le *deux décembre* fut la sanction de la parole donnée ; car « *les méchants tremblèrent* et *les bons furent rassurés.* » Le sens moral chrétien et national était pleinement satisfait. Tous les cœurs français, même les moins favorables à la cause napoléonienne, admiraient, triomphaient... Le fils du plus *honnête homme*, le neveu du grand Empereur, se révélait tout entier. Il faisait preuve d'honnêteté et de respect pour la justice, en s'appuyant sur la loi suprême du salut public et en faisant un appel solennel à la volonté du pays : il témoignait de son dévoûment au principe d'autorité, en se déclarant à jamais l'ennemi de l'anarchie : enfin, il donnait le gage de sa haute science gouvernementale, en renversant le parlementarisme, espèce de janissaire ambitieux, qui, pour asservir le pouvoir, lui présentait sans cesse le fatal cordon.

Quand ainsi tous les nobles instincts sont réveillés dans les âmes ; quand, sans excepter même les ennemis politiques, tout le monde se rallie spontanément par un entraînement invincible à un pouvoir ferme, loyal, courageux et habile, vous pouvez être sûr que ce pouvoir agit en parfait accord avec les principes politiques chrétiens. Voilà pourquoi le 2 décembre restera toujours comme date de grande réhabilitation sociale ; voilà pourquoi Dieu l'a béni, lui qui n'arme les puissants de la terre que pour le bien de la société, *minister in bonum.*

2e ACTE. — *Rétablissement du véritable suffrage universel.*

Le mérite inestimable du suffrage universel dans les conditions que nous lui avons assignées (p. 83), est de donner la foi en l'autorité, au souverain et au peuple, c'est-à-dire, la force du droit, la conscience du devoir, tout ce qu'il y a de plus sacré, de plus imposant parmi les hommes. Aussi, c'est pour avoir manqué de cette foi que le roi de Juillet a senti le pouvoir lui échapper des mains, et qu'il a été renversé si facilement.

En effet, le sens religieux et national avait été blessé profondément par la *comédie des* 221, qui, s'étant proclamés eux-mêmes la représentation nationale, escamotaient, qu'on nous passe le terme, les droits de toute une nation.

Napoléon, au contraire, plein de respect pour ces droits, confiant en sa loyauté, a fait appel à tous les citoyens, et a remplacé la *fiction* par la vérité du suffrage universel dans toute sa sincérité. La réponse à cet appel si juste et si sage a été la plus amère déception des hommes de parti, la gloire et le triomphe le plus éclatant du grand homme qui l'avait provoquée, et enfin la consécration du principe politique-chrétien, qui *place le souverain entre Dieu et le peuple* (p. 72).

3e ACTE. — *Rétablissement de l'empire.*

Le nouvel empire, c'est le triomphe du principe d'autorité sur l'anarchie ; c'est la satisfaction donnée au sentiment national, par les souvenirs que ce nom rappelle ; c'est le pouvoir souverain dans toute sa majesté, dans toute sa force ; c'est enfin la glorification de notre nationalité, dans le droit divin et dans le droit du peuple, dans les traditions, l'esprit et les mœurs de la grande famille française : toutes choses chères à Dieu et aux hommes. La politique sacrée les revendique et s'en enorgueillit.

4e ACTE. — *Liberté d'enseignement.*

Cette liberté était restée dix-huit ans lettre morte dans la Charte de Juillet. La politique de ce temps, humblement à genoux devant le philosophisme voltairien, restait sourde aux pressantes réclamations de l'épiscopat et des pères de famille.

Aujourd'hui cette liberté fleurit. L'initiative prise par Napoléon III, sa politique à principes chrétiens, ont su concilier tous les intérêts. Des hommes du plus grand mérite, choisis dans l'Eglise et dans l'Etat, ont été chargés de la direction morale, religieuse, scientifique et littéraire de l'instruction publique. La France a le droit d'attendre toutes les améliorations possibles de leur zèle et de leur haute intelligence des besoins moraux de notre société. Ainsi l'enseignement, cet autre sacerdoce, rendu à toute la sainteté et à toute la plénitude de son action, formera tout à la fois de vrais savants, de bons chrétiens et des citoyens dévoués à l'ordre public. Y a-t-il de meilleure politique que celle qui étend ainsi sa paternelle sollicitude sur les nouvelles générations, espoir le plus cher d'une société sur laquelle ont soufflé tous les vents des mauvaises doctrines?

5e Acte. — *Décret sur les biens de la famille d'Orléans.*

Louis - Philippe, étant parvenu, — chacun sait par quelles voies, — à monter sur le trône de France, était encore parvenu à se soustraire à la charge imposée par le droit public français, qui veut qu'à l'avénement d'un nouveau roi, tous ses biens fassent retour à la couronne. Et pourtant lui-même n'avait pas manqué de faire appliquer la loi aux biens de l'empereur Napoléon, de Louis XVIII et de Charles X. (On se rappelle même avec quelle opiniâtre avidité il avait tenté de dépouiller son neveu du domaine de Chambord.) Il est vrai que ces monarques n'avaient pas eu l'*idée heureuse* de se couvrir comme lui du manteau parlementaire !

Mais il est écrit que celui *qui porte la loi est condamné à la subir;* mais il est écrit *que la fraude ne doit point profiter à qui la commet.* Le sens moral, la conscience publique réclamaient donc une réparation solennelle. Aussi le nouvel empereur, qui fonde sa politique sur les principes chrétiens, le sentait-il profondément. Alors, convaincu que huit millions de suffrages lui donnaient le droit incontestable de réparer la brèche faite au droit public par deux cent vingt-un députés, ne représentant que les colléges qui les avaient élus, Napoléon III a porté le décret de revendication, n'ayant d'autre but que de remplir un *devoir de haute justice nationale.* La destination donnée à ces biens revendiqués n'a fait que traduire plus saintement sa pensée.

Pour opposer tant de droiture à tant d'astuce, pour sacrifier ce que même des amis appellent un intérêt politique, pour venger l'honnêteté publique, ne faut-il pas que le souverain consulte une politique inspirée de haut, et qui est écrite dans le cœur de tout homme honnête et chrétien ?

Sans doute un tel acte entraîne avec soi quelque chose de douloureux en atteignant une famille respectable ; mais le devoir de justice est inflexible. Ainsi l'ont compris le souverain et la magistrature. L'enseignement est bon !

6e ACTE. — *Suppression des bagnes.*

Saint Vincent de Paul, en prenant les fers d'un forçat, avait dit par cette action que la charité chrétienne n'a point écrit sur la porte de cet enfer terrestre : « Vous qui entrez ici, laissez toute espérance. » Et cependant qu'avait fait la politique du passé pour purger ces lieux infects, d'où ne sort un *libéré* que plus corrompu et plus redoutable à la société? Elle avait gémi, levé les mains au ciel, et puis..... s'était déclarée impuissante à changer *l'état des choses!* Grâce à l'âme généreuse et chrétienne de Napoléon III, Cayenne est là pour donner un éclatant démenti à tous les politiques à vues humaines; Cayenne! lieu d'expiation ouvert au travail civilisateur, au repentir, à la régénération.

Une conception si sublime vient, on ne saurait en douter, de celui « *qui ne veut pas la mort du pécheur, mais sa conversion,* » « *de celui qui n'éteint pas la mèche qui fume encore.* »

La politique qui s'inspire de si haut est la politique sacrée, la politique pleine d'avenir.

7e ACTE. — *Le mariage de l'empereur.*

En France surtout, où le sentiment est si délicat, la politique doit aussi avoir sa pudique délicatesse envers la religion catholique, qui est la religion de l'immense majorité.

Sans doute, le catholicisme ne flétrit pas ces alliances qui ne sont pas bénies exclusivement au même autel ; mais il a pour elles des répugnances bien légitimes. Une politique intelligente doit donc se garder soigneusement de blesser le sentiment religieux du pays.

Napoléon III a compris merveilleusement ce que demandaient à son âme catholique et française la religion et l'honneur de la France. Loin donc de blesser l'un et l'autre par un mariage *scellé* du contrôle de l'étranger, ou *entaché* d'indifférence religieuse, il a choisi lui-même la compagne de sa vie, la femme selon son cœur, et notre impératrice est « *catholique de vieille souche, pieuse et bonne.* »

Le sens moral chrétien, le sens national, applaudissent à une telle politique. Elle a les bénédictions du ciel et de la terre.

8e ACTE. — *Ouverture de l'église de Sainte-Geneviève, etc.*

La pensée qui a rendu l'église de la patronne de Paris à sa première destination a été sans doute inspirée par un cœur qui comprend et qui aime la religion. Mais la politique doit aussi avoir sa part dans cet acte réparateur. Napoléon III, en agissant ainsi, a condamné le philosophisme voltairien, par une politique sage, en harmonie avec les principes chrétiens. Là tendent également tous ses actes politiques-religieux. Il a arraché le Saint-Siége des mains de l'anarchie; il a défendu le patrimoine de saint Pierre, et son amour pour le chef de l'Église égale son profond respect.

Il a honoré le clergé français dans les prélats qu'il a placés près du trône et de sa personne.

Il a voulu que la religion consacrât toutes les solennités de l'Etat.

Sa munificence et sa charité se sont étendues sur tous les malheurs, sur toutes les souffrances.

Il a eu le pieux souvenir de ces glorieux débris de l'armée et du sacerdoce, sur lesquels les gouvernements antérieurs fermaient les yeux.

Il s'est montré chrétien et monarque digne comme saint Louis : en un mot, il a renié, dans ses œuvres et dans ses paroles, cette politique tortueuse, boitant entre la politique voltairienne et la religion, toujours en défiance contre le clergé, l'entravant dans son action spirituelle, laissant le ministère sacerdotal en butte aux traits de la presse irréligieuse, etc. Aussi, tandis que le dernier régime s'est abîmé dans la honte, l'empire croît en force et en dignité.

La foi sincère, la foi courageuse et éclairée, est donc la source où s'inspire la meilleure politique. Napoléon III l'a prouvé.

Les limites de cet écrit nous forcent de nous arrêter ; nous nous contenterons de signaler le décret sur l'observation du dimanche pour les travaux entrepris par l'Etat ; exemple qui ne sera pas sans fruit pour les maîtres et les ouvriers de l'industrie privée ; la mesure sur le colportage des livres, devenu la plaie de nos campagnes ; les règlements sur les cabarets et autres lieux publics ; la réduction de l'intérêt de la rente, qui a porté le coup de mort à l'usure, qui paralysait le commerce et l'agriculture ; l'extension gigantesque donnée aux chemins de fer et à tous les travaux publics, contribuant ainsi à moraliser les masses par le travail, à étendre le bienfait de la civilisation ; enfin, la diminution des impôts portés sur la propriété territoriale et sur les objets de première nécessité, etc., etc..., toutes choses qui ont élevé, autant que le permettaient les circonstances, le niveau du bien-être public (1).

Certes, tant d'actes et si grands et si sages révèlent dans Napoléon III l'élévation des sentiments et la science gouvernementale; et, comme il s'est inspiré à la politique chrétienne, son empire est assis sur ces fondements que Dieu garde et protége : *Nisi Dominus custodierit civitatem, frustra vigilat qui custodit eam.*

(1) Le Siècle du 22 avril appelle l'exercice juste et bienfaisant du pouvoir la *vraie légitimité :* l'empire aurait donc aussi cette *légitimité.* Nous le voulons bien, puisque l'empire est *si juste et si bienfaisant !*

CHAPITRE PREMIER.

DE LA SITUATION DES PARTIS.

> Je veux conquérir à la conciliation les partis dissidents et ramener dans le courant du grand fleuve populaire les dérivations hostiles qui vont se perdre sans profit pour personne.
>
> (NAPOLÉON III.)

Sur le simple énoncé de ce chapitre, on se demande s'il y a encore des partis en France.

A cette question préjudicielle, notre cœur français se réjouit de cela même qu'elle puisse faire doute. Il est si doux à penser, si bon à la patrie que toute une nation n'ait qu'un cœur et qu'une âme ! Ce penser suffirait à lui seul à la gloire de Napoléon III.

Toutefois, sans vouloir amoindrir en rien un tel honneur, nous disons : les partis nous ont fait tant de mal, ils sont si dangereux en eux-mêmes, qu'il y a toujours un immense avantage à démontrer quelle est au juste la *situation* morale politique où nous sommes aujourd'hui. Pour y réussir, nous plaçons la question sur un terrain assez large pour en embrasser tout l'horizon.

Donc, à ceux qui croient à l'existence des anciens partis, de bonne foi et sans arrière-pensée, comme à ceux qui, par calcul d'intérêt et d'ambition, y croient ou feignent d'y croire, nous disons : soit; qu'il y ait des partis politiques, nous vous l'accordons, — à vous politiques timorés, pour vous ôter la peur de la peur, et à vous, incorrigibles égoïstes, pour vous ravir l'espoir de vos coupables espérances.

Et pour atteindre à ce but, que nous faut-il ? Prouver que les anciens partis que vous tenez pour vivants n'ont point la vie réelle en eux : qu'ils ne sont que des débris d'eux-mêmes, et que, dans tous les cas, ils ne peuvent ni croître ni se fortifier. Quand cela vous sera devenu clair comme le jour, tremblerez-vous encore ? espérerez-vous encore ? S'il en était ainsi, la France vous prendrait les uns en pitié, les autres en mépris.

Examinons donc en particulier quelle est la valeur numérique et intrinsèque de ces partis.

Les légitimistes. — On ne saurait en douter, leur haine, leur trop juste haine, non point contre les d'Orléans,— cela répugnerait à leurs sentiments chrétiens, — mais contre l'orléanisme, les rapproche invinciblement de l'empire. De plus, le prince auguste, qui est l'objet de leur culte politique, est sans héritier, et pour tout légitimiste qui a étudié la logique de l'histoire, et compris la justice de Dieu, cette circonstance servirait encore à corroborer ce fait providentiel, que le tronc de l'arbre majestueux dont les branches ont ombragé si longtemps nos pères est condamné à se dessécher à jamais. En nous exprimant ainsi, nous ne croyons point manquer à de hautes convenances, parce qu'il est une voix bien sainte et bien chère qui crie du haut des cieux : « *Régner est un malheur* » (1).

Maintenant donc que les légitimistes, ayant compris, par les seules lumières du sens chrétien, *l'enseignement du ciel*, se sont ralliés ou se rallient à l'empire, que reste-t-il dans le camp des Bourbons? Peu de soldats et point de danger de leur part. Ils sont trop chrétiens!

Le parti orléaniste.—Les chefs de ce parti, gros

(1) Testament de Louis XVI.

financiers peu satisfaits de la noblesse des écus, avocats, médecins, écrivains ambitieux, avaient trouvé le talent de jouer la comédie politique. Donc, ils affectaient un grand respect pour la royauté; mais ils représentaient habilement aux bons bourgeois de *la ville et des provinces* que le pouvoir souverain, conseillé et conduit par les nobles, les jésuites et les prêtres, foulait à chaque pas la liberté, l'égalité; que ce pouvoir n'avait plus qu'une seule pensée, un seul dessein, celui de rétablir l'ancien régime, et de ravir à la France toutes les conquêtes de 89. Les bons bourgeois, fascinés et transis de peur pour leurs personnes, pour leur commerce, pour leur industrie, pour leurs droits reconquis, se groupaient autour d'eux, serraient leurs rangs, et la menace sur les lèvres, ils attendaient avec impatience que le Dieu sauveur descendît sur la scène. — *Deus ex machinâ.* Le chef de la branche cadette parut enfin, et le chorége le proclama la meilleure des républiques. Les confidents applaudirent, le reste se résigna. Les quelques protestations armées qui s'élevèrent à diverses époques, en alarmant les intérêts, ne servirent qu'à réunir plus de monde aux pieds du trône de Juillet. Il y avait là beaucoup de protestations intéressées, beaucoup de rouerie, de l'habileté, si l'on veut ; mais de principes politiques-religieux ! mais du vrai dévoûment ! mais de la foi en l'établissement d'un régime nouveau ! rien ! rien ! Aussi la pensée immuable s'affaissait insensiblement sur elle-même ; et il n'a fallu qu'une bourrasque révolutionnaire pour tout renverser et pour disperser et partisans et serviteurs, à ce point qu'il ne s'en est pas trouvé un seul pour baisser le marche-pied de la voiture de l'exil.

Or donc, parmi ces classes moyennes, l'immense majorité, qui a vu dans Napoléon III la personnification de la société nouvelle, qui a reconnu dans ce souverain le principe d'autorité, la force du pouvoir, s'étant pleinement rassurée sur 89, sur son commerce et sur son industrie, s'est donnée à l'empire autant par entraînement que par raison. Il ne reste donc en arrière qu'un petit nombre de traîneurs, qui, tout dégoûtés qu'ils soient de donner *des leçons au pouvoir*, puisqu'il en coûte si cher ! et que le temps en est passé, ont peine à quitter leur rôle d'importants, et se consolent en confiant au tuyau de l'oreille quelques cancans politiques, quelques mauvais calembourgs. Un parti qui est abandonné des masses, un parti qui en est réduit à de pareils moyens d'attaque, provoque nécessairement le rire et la pitié : il cesse d'être.

Le parti démocratique. — Ce parti s'est divisé de lui-même, — ce qui est déjà un signe de dissolution, — en deux camps opposés. Il y a les républicains purs et les républicains socialistes. Parmi les premiers, les hommes les plus considérables ou les plus orgueilleux, dégoûtés de voir que la France s'obstinait à n'être pas républicaine, se sont renfermés dans leurs tentes solitaires, leur vie politique leur paraissant, — et avec juste raison, — totalement terminée ; car de fait, tous ceux qui s'étaient laissé prendre à leurs décevantes théories déplorent leur funeste égarement, et se rallient par devoir et par intérêt de conservation à l'élu du pays, à leur sauveur ! La république honnête est donc bien trépassée ! La politique chrétienne de l'empire n'a pas à craindre les revenants !

Pour les républicains socialistes, ils s'agitent beaucoup, mais dans le vide. Ce sont, en grande partie, des chefs de file auxquels la patrie et leurs adhérents eux-mêmes attribuent tous les malheurs publics : leur voix n'a plus d'écho.

En somme, tout l'ancien parti démocratique socialiste et républicain est tout simplement un état-major indiscipliné et sans soldats. Il n'est donc pas bien à craindre !

Tels sont, considérés en eux-mêmes, les anciens partis politiques.

Pour achever de peindre leur situation, demandons-nous à quelle source ils pourraient puiser et la vie et la force.

Sans nul doute, les partis n'ont d'existence que dans l'intrigue, de puissance que dans les conspirations. Otez-leur ces deux moyens d'être, ils retombent dans le néant politique. C'est un pouvoir qui ne peut naître qu'aux dépens du pouvoir souverain. Ainsi le lierre parasite s'attache au chêne pour dévorer sa substance et pour l'étouffer à la fin.

De même donc que le lierre se couvre de feuilles brillantes, tandis que ses racines s'enfoncent dans l'écorce de l'arbre pour en aspirer la sève, ainsi les partis se couvrent de belles apparences, l'amour de la patrie, la liberté, l'intérêt public, voire même le dévoûment au souverain, tandis que leurs racines, l'ambition, l'égoïsme, la convoitise, s'enfoncent dans le cœur du pouvoir pour s'en approprier la vie et la force. Mais mettez à découvert les racines du lierre, il dessèche; forcez les partis à paraître au grand jour, ils se meurent. Telle est, — fort heureusement pour la prospérité publique, — la situation que leur a faite la haute sagesse de Napoléon III. La presse, qui leur prêtait son ombre, ne le peut plus, forcée qu'elle est de signer ses articles et de subir un contrôle éclairé et puissant! La tribune, qui leur servait de piédestal, est fermée aux harangues à *grands effets!* Enfin, ce qui leur ôte jusqu'à la pensée de leur existence, c'est l'éclatante manifestation de la volonté nationale. 7,500,000 suffrages avaient une fois proclamé leur arrêt de mort; 8,000,000 de votes sont venus une seconde fois confirmer la sentence sans grâce ni merci. Ah! si un orateur plein d'éloquence et de raison pouvait faire trembler la puissance souveraine, en disant aux ministres de la première restauration : « Vous vous croyez forts, vous avez devant vous la majorité parlementaire : nous, nous avons derrière nous la nation! Combien à plus juste titre, quand

Napoléon dit aux partis : La nation est pour moi et avec moi, et que 8,000,000 d'électeurs répondent : Oui ! oui !....., les partis ne doivent-ils pas se sentir foudroyés et réduits à l'impuissance, au désespoir ?

S'il en était autrement, il n'y aurait plus ni logique, ni sens commun dans certaines âmes, il n'y aurait que folie et malédiction. Pour l'honneur de l'humanité, nous ne saurions l'admettre, du moins pour un nombre propre à former un parti.

Donc, sous quelque point de vue que l'on considère les anciens partis, que l'on prise leur nombre, leur valeur, leurs moyens ; leur situation vraie, réelle et positive, se résume en ces deux mots : *nullité, inanité.*

RÉSUMÉ DE LA DEUXIÈME PARTIE.

— Le droit public et le droit divin, ou la la Providence et la volonté nationale, — ainsi que nous l'avons démontré (p. 84), — ont donné à l'empire la vraie, l'*unique légitimité.* Tout catholique a dû le comprendre.

— Les actes du souverain se sont trouvés en accord parfait avec la politique sacrée. (p. 91), l'empire repose donc sur les principes politiques qui seuls peuvent faire vivre et prospérer les États, parce qu'eux seuls renferment la *loi* et... la *sanction* (p. 88).

— Les anciens partis politiques qui ont renversé deux monarchies tendent de plus en plus à l'état de mythe, tandis que l'instinct de conservation, le besoin d'ordre et de tranquillité, la raison et la religion rallient à l'empire tous ceux qui placent la patrie au-dessus de l'intérêt de parti, au-dessus des souvenirs ou des regrets, au-dessus surtout de l'orgueil et de la convoitise : tous ceux, enfin, qui sont chrétiens, Français ou amis de la France (p. 103) ; en sorte, qu'à vrai dire, il n'y a plus qu'un même peuple dans une même nation.

C'est la pensée de l'âme, le sentiment du cœur, que Napoléon III a exprimés dans ce langage profond et plein de charmes qui ne lui fait jamais défaut.

Pendant le cours de son voyage triomphal dans le Midi, l'un de ces hommes qui sont lents à comprendre, ayant voulu le complimenter, s'exprima en ces termes : «Prince, Charles X a été le roi de la noblesse; Louis-Philippe le roi de la bourgeoisie ; vous, vous serez le roi du peuple. » Napoléon, se tournant alors du côté de l'archevêque, présent à la réception, ajouta avec un sourire indicible : « Monseigneur, qui dit *peuple* dit *tous...* » Oui ! tous ! tous ! a répondu à son tour la France, en acclamant le prince empereur.

Le *présent* est donné à l'empire par tous les éléments de puissance, de grandeur, de stabilité ! En est-il de même de l'*avenir ?*

TROISIÈME PARTIE

L'AVENIR

CHAPITRE PREMIER.

LE PRÉSENT. — GAGE D'AVENIR POUR L'EMPIRE.

> Il n'est pas besoin d'appliquer de nouveaux systèmes, mais de donner avant tout confiance dans le présent... et SÉCURITÉ DANS L'AVENIR.
>
> (NAPOLÉON III.)

Nul n'est prophète dans son pays ; et, de plus, dans notre pensée religieuse, le don de prophétie est très rare depuis que, l'établissement de la religion étant un fait accompli, l'Évangile est devenu *la loi et les prophètes.* Nous croyons même que l'*examen, à cet endroit,* ne sera jamais trop rigoureux !

Après cette confession, le lecteur conçoit facilement quelle ligne nous avons à suivre comme écrivain politique-chrétien : l'*Évangile et la logique des faits.*

Ainsi donc, en suivant cette ligne, nous avons constaté que *le présent est à l'empire* (p. 57) ; or, pour *prédire l'avenir*, nous partons de ce point maintenant incontesté, et nous disons : Si ce qu'on appelle *la mineure* est prouvé, c'est-à-dire, s'il est prouvé par nous que l'avenir de l'empire repose sur les mêmes bases que son présent, ce qu'on appelle la conséquence, et que nous appelons *prophétie*, sera évident comme tout ce qui l'est le plus dans les vérités humaines. On ne saurait en disconvenir.

Toutefois la difficulté n'en est pas moins grave ni moins intéressante. Abordons-la par ce qu'il y a de plus rudimentaire en fait de raisonnement, à savoir, que les mêmes causes produisant les mêmes effets, les mêmes éléments qui assurent aujourd'hui le triomphe de l'empire, subsisteront dans un temps éloigné, indéfini.

Mais on se hâte de nous opposer l'inconstance du caractère français. A merveille ! nous conviendrons que nous sommes d'une humeur accommodante, nous autres Français, puisque nous sommes les premiers à signaler nos défauts. Nous y mettons même une espèce d'amour-propre ! Honneur donc à ce bon Duclos, qui a dit : « En France, tout change en quarante ans ! » Le Grand Frédéric avait dit aussi : « Les Français, *nation légère !* ils se moquent de tout, il faut leur pardonner. »

Ceci est plus original et plus flatteur !

Quoi qu'il en soit de notre inconstance, fussions-nous des girouettes, encore faudrait-il de l'orage pour nous faire tourner. Que si la France s'est montrée une infatigable révolutionnaire, cela n'a point empêché qu'une même dynastie vécût des siècles ; et si, à la fin, *les girouettes* ont tourné et retourné en grinçant horriblement, le mal en est à nos Éoles politiques qui avaient déchaîné les vents. Tout cela ressort clairement, incontestablement, de la première partie de notre ouvrage.

Nous l'affirmons donc : quelle que soit notre nature de Français, il a toujours fallu, il faudra toujours, pour que nous tentions un grand mouvement politique, qu'un courant d'idées nouvelles nous emporte.

Mais comment pourraient naître ces idées? Comment pourraient-elles se propager et former l'orage révolutionnaire qui, dans un temps donné, éclaterait sur l'empire ?

Ne parlons pas des leçons de l'expérience comme préservatif, leçons que nous avons payées assez cher pour qu'elles restent longtemps gravées dans la mémoire des Français : consultons plutôt la logique des faits ; elle a la certitude qui rassure les esprits. Or, cette logique nous a appris que c'est dans une politique qui blesse le sens moral-chrétien, dans la licence de la presse et de la tribune, que naissent et se propagent les mauvaises idées. Ce sont là particulièrement ces fétides marais Pontins politiques, qui portent la *mal'aria* sur la société (p. 51).

Mais la politique de Napoléon III est, grâce à Dieu, en parfaite harmonie avec le principe politique-chrétien ! mais la presse et la tribune sont dans des conditions qui concilient sagement la liberté avec l'intérêt de l'État, et qui préviennent toute propagande révolutionnaire !

Il dépend donc uniquement du pouvoir souverain de perpétuer indéfiniment cet heureux état de choses.

La sagesse de l'Empereur, sa volonté de fer pour le bien, nous répondent de sa persévérance dans les mêmes principes, dans les mêmes sentiments où il a puisé sa force et son succès. Donc, les idées nouvelles, pernicieuses, ne peuvent se faire jour ; donc le *présent* de l'empire « fort et respecté » *est un gage d'avenir.*

CHAPITRE II.

L'INFLUENCE DE LA RELIGION. — GAGE D'AVENIR POUR L'EMPIRE FRANÇAIS.

> Partout en effet où je le puis je m'efforce de soutenir et de propager les idées religieuses les plus sublimes de toutes, puisqu'elles guident dans la fortune et consolent dans l'adversité.
>
> (NAPOLÉON III.)

En traçant ces mots, *influence religieuse*, l'écrivain se sent aussitôt assailli par les idées qui ont couru le monde, et qui ne sont peut-être pas tout-à-fait éteintes, — il entend lui crier : « Allez-vous prêcher l'intolérance, et la de-« mander au nouveau pouvoir ? Allez-vous rap-« peler de la poussière des temps l'antique « alliance des deux puissances et compro-« mettre l'une et l'autre par quelque pacte « passé dans l'ombre du mystère ? Sachez-le « bien, les errements de la vieille politique « ne sont ni dans l'esprit de la religion ni dans « les mœurs du pays : la tolérance religieuse

« est à la fois une conquête et une nécessité de « notre époque, et le clergé, pour être influent « et bien accueilli par nous, hommes des temps « nouveaux, doit se renfermer tout entier « dans les choses de Dieu et dans son ministère « de charité. »

Très bien ! répondrons-nous. Rien n'est plus juste, ni plus sage. Aussi, est-ce là notre pensée, toute notre pensée. Nous croyons l'avoir exprimée, dans un autre écrit, avec toute la simplicité de la franchise sacerdotale (1). Aujourd'hui, nous nous garderions bien d'abandonner notre manière de voir, qui n'est, après tout, que l'enseignement catholique. Nous y persistons d'autant plus, que la grave question qui nous occupe a besoin, pour être bien comprise, de ne laisser en dehors d'elle pas la moindre objection. Ainsi, nous sommes les premiers à le proclamer : point d'intolérance politique-religieuse! et que Dieu n'ait pas à se plaindre de ses prêtres, lui qui a dit à ses apôtres (trop charnels encore pour n'être pas intolérants, alors qu'ils lui demandaient que le feu du ciel tombât sur un peuple rebelle à l'Évangile) : Vous ne savez

(1) La *Politique du Clergé*.

« de quel esprit vous êtes animés : je suis venu « pour sauver et non pour perdre. »

Point d'intolérance politique-religieuse ! et que l'Église n'ait pas à rougir dans ses ministres, elle qui a enseigné, par la bouche de ses docteurs, « que tout sacrifice contraint anéantit « la religion » (Lact., *De opere Dei*); « que chaque homme reçoit de la nature la faculté « d'adorer Dieu comme il l'entend, etc., etc. » (Tert., *Ad imperatorem*).

Toutefois, il est essentiel qu'on ne s'y méprenne pas, comme plusieurs semblent le faire. Dans cette discussion, il ne s'agit que de l'intolérance *politique-religieuse* : c'est-à-dire que le pouvoir, quel qu'il soit, ne peut violenter les consciences, ni persécuter les personnes qui errent dans la foi; mais on se tromperait grossièrement, on ferait injure à nos sentiments, si, en proclamant la tolérance religieuse, on prétendait que l'Église doive tolérer le schisme ou l'hérésie, comme si elle n'était pas la colonne de vérité ! comme si la vérité pouvait tolérer l'erreur, et la lumière embrasser les ténèbres ! La foi, c'est la foi ! l'unité en tout.

Ne pas reconnaître cette condition essentielle, qui constitue la véritable Église, ce serait être intolérant soi-même au premier chef. La déraison ne va pas là.

Ainsi, quand on prêche la tolérance au clergé, quand on la demande au pouvoir, on ne saurait exiger que l'un et l'autre fissent aucun acte qui emportât avec soi le caractère d'une indifférence coupable pour la vérité ou pour l'erreur. Ce serait un affreux scandale aux yeux des fidèles, une espèce d'apostasie aussi funeste à l'État qu'à la religion.

On demande donc, on ne peut demander raisonnablement qu'une chose : que, tout en se montrant intolérants envers le schisme ou l'hérésie, au point de vue de la vraie doctrine, les deux pouvoirs aient des entrailles de père pour les personnes tombées ou chancelantes, qu'ils aient toujours les bras ouverts, non pour les étreindre avec violence, mais pour les recevoir avec amour ; en un mot, qu'ils se fassent charité et point épée.

Voilà comme doit s'entendre la tolérance politique-religieuse. L'Église l'a toujours entendue ainsi. Que si pourtant, à de certaines époques de notre histoire, des doutes s'élèvent à cet égard, c'est que la raison des faits échappe.

Qu'on interroge la logique de ces tragiques

événements, et l'on se convaincra que la politique gouvernementale *seule* s'est faite intolérante, persécutrice, allant à ses fins en se couvrant mensongèrement du manteau de la religion et que le clergé n'a été dans tous les temps que la dupe ou la victime de l'intolérance exercée au nom des intérêts religieux (1). Heureusement, de si déplorables événements ne sont pas à craindre aujourd'hui ! L'empereur aime l'Église, comme un fils aime sa mère ; sa politique est toute loyauté ; il n'y a, entre les deux pouvoirs, qu'une entente du bien, qu'une charité égale pour le peuple chrétien, qu'un même but, celui de faire aimer, respecter et pratiquer la religion dans un esprit de paix et de conciliation. Là est leur force, leur dignité, leur avenir.

On nous pardonnera cette digression, parce qu'elle jette un grand jour sur la discussion suivante, et parce que bien des préjugés, bien des notions fausses, troublent les esprits, quand il est question de traiter un sujet qui a fait couler des flots d'encre et, hélas ! des flots de sang.

(1) La *Politique du Clergé*.

PARAGRAPHE PREMIER.

De l'influence de la religion considérée en elle-même.

Il a donc fallu que la France passât par toutes les douleurs et toutes les misères sociales, pour juger enfin de la vérité de ces paroles : « Il « est impossible de former un système de gou- « vernement quelconque qui puisse être perma- « nent ou avantageux, à moins qu'il ne soit ap- « puyé sur la religion catholique romaine » (lord William, *Lettres à Atticus*).

Pourquoi? Parce que cette religion seule possède les deux forces sans lesquelles nulle société chrétienne ne peut rester debout : *la charité en haut* et *la résignation en bas.*

Pourquoi ? Parce qu'elle seule recèle en son sein tout le feu de cette charité divine, qui, depuis dix-huit siècles, veillant au chevet de l'humanité, retourne si amoureusement son lit de douleur.

Il a donc fallu que notre pauvre France reconnût la vérité de ces *deux raisons*, véritables axiômes sociaux politiques, aux lugubres lueurs de l'incendie universel ! La leçon a été telle qu'il n'y a que d'orgueilleux philosophes qui aient pu ne pas la comprendre. Aussi, nous les croyons morts, réellement morts, tous ces systèmes gouvernementaux opposés aux principes chrétiens, lesquels ont eu le nom de *réforme religieuse*, de *philosophie*, de *libéralisme*, de *république sociale*. La première partie de notre ouvrage en est tout simplement l'oraison funèbre.

Nous devons donc croire que personne ne songe à relever ou à défendre ces cadavres couverts de sang et de boue. Toutefois de cette tombe politique s'élèvent encore des miasmes pestilentiels : l'atmosphère religieuse-catholique peut seule en écarter les dangers par sa salutaire influence.

Mais quels sont ces miasmes, derniers présents faits à la société par la philosophie moderne? Ce sont les doctrines philanthropo-économiques, qui affichent la prétention de résoudre la question des souffrances et des misères sociales par la science économique ou l'accroissement indéfini du bien-être général. Erreur! mensonge! fallacieuses espérances!

Erreur! — Nos savants économistes ne font du problème social qu'une question *simple*, tandis qu'il n'y en a pas de plus complexe. Aussi se sont-ils livrés tout entiers à chercher les moyens, — et encore n'en indiquent-ils qu'un seul pour ainsi dire, l'*accroissement de la richesse,* — de satisfaire aux besoins matériels, tandis qu'ils ont oublié les intérêts moraux, les plus majeurs, les plus difficiles à contenter. Oh ! combien la religion a vu plus juste et plus loin, elle qui, dans sa sagesse, a préparé, depuis qu'elle existe, la solution *complète* de cette souffrance non limitée, non étrangère à notre nature, comme l'enseigne l'économie sociale, mais souffrance organique, souffrance infinie, et telle qu'elle constitue notre être, en la plaçant là où elle est réellement, hélas ! trop réellement, dans le fond même du cœur.

Mère tendre et initiée d'en haut au mystère de la douleur humaine, et surtout de ses profondes multiplicités, elle est allée droit à la cause, pendant que la science du jour ne vise qu'à quelques effets ; ce qui, d'un côté, est tout, et de l'autre peu de chose, au point de vue de la science !

Mensonge!— nos savants économistes se sont vantés, et se vantent encore d'élever bien haut le niveau du bien-être général, en poussant toutes

—*toutes*, mensonge!— les forces vitales du pays à doubler la richesse, comme source unique du bonheur ; et, dans leur âme et conscience, ils savent très bien qu'*en tout cela* ils ne font que distiller, dans un autre alambic, cette plante amère qu'on appelle l'égalité sociale ; car ils ne peuvent ignorer que proposer aux hommes la richesse comme mobile de leur activité incessante, comme le terme de leur félicité, sans donner, ce qui est en effet le néant et le crime social de la science moderne,—un contre-poids puissant à l'insatiable cupidité, une compensation consolante à cette masse de déshérités, qui seront toujours dans l'impossibilité d'arriver à la fortune, qui de soi n'est que privilége, c'est réveiller dans les bas-fonds des âmes les appétits brutaux de la convoitise, mère de la *Sociale,* mensonge cruel qui, au lieu d'enfanter le bien-être, ne crée que des maux et le désespoir...

Quel économiste autrement habile, autrement ami de la société, s'est montrée, se montre encore, se montrera toujours, la religion!

Vous parlez d'augmenter la fortune publique par la science économique qui recherche et entasse l'or!

La religion, par sa modération, par les renoncements de la vertu, n'a-t-elle pas accru indéfiniment la richesse sociale?

Vous mesurez la richesse de l'homme, ô économistes cupides, à la convoitise du cœur!

La religion veut qu'elle se mesure à la vertu de cet homme, comme la pauvreté se mesure à son désir. Or, le cœur n'est jamais plein, et la vertu sait se contenter: lequel vaut le mieux?

Vous nous parlez de bonheur... par la richesse, ô philanthropes économistes!

Et la religion, d'accord avec la raison, nous dit que la création tout entière gémit ici-bas, et que vouloir retirer à l'homme la douleur, ce serait lui retirer sa nature. Mensonge que votre système, ô réformateurs posthumes, mensonge! La vérité n'est que dans la religion du Christ, qui est la vérité... et la vie.

Espérances fallacieuses! — Gravement l'économie sociale nous dit: Venez à moi, vous tous qui mangez votre pain trempé de vos sueurs et de vos larmes, et je vous soulagerai en vous enseignant l'art d'un travail plus fructueux!

C'est très bien! Mais il y a des gens, en nombre presque infini, ou qui ne peuvent apprendre cet art, ou qui se trouvent très malheureux avec ses produits, ou bien, qui envient toute autre chose interdite à leurs désirs. Pourquoi les bercer d'espérances chimériques? La déception, que vous leur ménagez, est par trop cruelle!

La religion a plus d'entrailles que vous! Elle tient tout ce qu'elle promet, elle donne même beaucoup plus qu'elle ne promet. C'est que, fille du ciel, *elle a pour elle les espérances de cette vie présente, et celles du monde futur.*

Au riche donc, qui crie dans son opulence : Vanité des vanités! à toutes les âmes fatiguées d'elles-mêmes, *elle dit* : « *Heureux les pauvres d'esprit*, » et le cloître, ce tombeau des vivants, se peuple d'exilés volontaires, et du sein de la solitude se fait entendre cette parole incompréhensible pour l'*homme de la chair* : « O « amertume du désert chrétien, plus douce que « les plus doux plaisirs du monde! »

Aux grands de la terre, tentés d'opprimer ou de délaisser les petits et les indigents, elle place sur les lèvres du grand Condé, pour être recueillis par le grand Bossuet, ces mots, qui brisent les portes du cœur fermées par l'orgueil, pour laisser entrer la charité : « Je céderais

« toutes mes victoires pour un verre d'eau « donné aux pauvres. »

Aux hommes de pénible labeur, aux victimes de toutes les iniquités humaines, elle dit, par la bouche du sublime Paul, parlant de lui-même : « Ces mains gagnent le pain de chaque « jour, et ces bras portent les empreintes des « fers forgés par d'injustes persécuteurs, par de « faux frères... O vous, mes frères par le bap-« tême de l'eau et du sang, apprenez comme « moi à vous résigner, et à attendre le jour du « Seigneur..... » Et à cette voix sacrée, la convoitise frémissante s'est changée en résignation sublime, et les larmes, qui coulaient, sont devenues moins amères, et les puissants du siècle sont tombés à genoux devant la majesté de la pauvreté et de la souffrance chrétienne.

Ainsi, par la charité et par la résignation qu'elle inspire, la religion a seule la science de rendre toutes les classes de la société plus heureuses, plus contentes de la part que Dieu a faite à chacun : elle a, par-dessus tout, la vertu de soulager les souffrances de tous genres, qui sont comme le fond de notre nature, en soutenant l'humanité défaillante sur la croix de *ses épreuves*, par la vue de la couronne immortelle qui l'attend.

Que ceux-là donc qui ne sont que des intelligences sans religion et sans conscience s'épouvantent en face de la question sociale, problème de misère insoluble à leurs yeux, éternelle redite des réformateurs sans foi : les Français chrétiens n'ont point à s'alarmer de la sorte ; leur sécurité est dans la vertu de la croix, et non dans les systèmes d'une vaine science ; dans un accroissement de moralité provoqué par un retour visible à la religion, et non dans un accroissement très problématique de la richesse trop souvent démoralisateur.

Ainsi l'a compris un penseur profond, un sage politique. Napoléon III a proclamé l'empire souverain de la religion. Animé d'une piété sincère, il a donné l'exemple, et il a eu l'insigne bonheur de prouver à ses concitoyens qu'ils sont moins incrédules qu'ils ne le croient eux-mêmes : car il a réveillé dans leurs âmes des sentiments chrétiens qu'ils s'étaient eux-mêmes efforcés d'y éteindre, entraînés qu'ils étaient par le scepticisme du gouvernement de Juillet.

C'est là le premier signal de ce grand mouvement religieux-catholique qui, selon la prédiction de Châteaubriand, doit sauver la société. Le souverain est à la tête, proclamant hautement l'intervention de la Providence, la salutaire influence de la religion.

Il n'y a rien dans les annales du christianisme qui ait fait naître plus d'espérances, après de si mauvais jours. Le bien qui s'est fait, depuis qu'un grand exemple a été donné, depuis que le pouvoir souverain a rendu à l'Eglise toute sa liberté, toute l'influence de son action (sans rien perdre de son indépendance, sans faire violence aux consciences); ce bien déjà immense ne peut que s'accroître indéfiniment. Chacun doit donc avoir une confiance entière dans la sagesse de l'empereur, touchant les moyens qu'il jugera les plus propres à concilier la liberté politique-religieuse avec les intérêts du catholicisme, ce dernier mot du ciel à l'humanité.

Cependant, nous sommes loin de nous dissimuler la difficulté de cette noble tâche. L'ébranlement de la foi, qu'a suscité tout un siècle d'incrédulité, s'est fait sentir jusque dans nos nerfs et dans nos veines. Combien parmi nous ont de la peine à se défaire de certains préjugés, de certaines préventions contre la religion, ou du moins contre le clergé, qui en est la personnification vivante? C'est le malaise qui reste après une longue et cruelle maladie.

Nous sommes donc convaincu que des hommes bien intentionnés, et beaucoup d'autres qui le sont mal, tremblent ou font semblant de trembler pour l'empire, alors même qu'ils sont portés à reconnaître l'influence salutaire de la religion. Par un reste de ce sentiment anti-religieux-libéral dont ils ont sucé les principes, ils ne voient derrière la religion qu'un clergé intolérant, envahisseur; et ils craignent ou feignent de craindre qu'il ne mette à un trop haut prix le concours qu'il promet au nouvel empire. Nous tenons à les rassurer : qu'ils veuillent bien nous entendre.

PARAGRAPHE II.

Influence de la religion considérée dans le concours de ses ministres. — Gage d'avenir pour l'empire français.

> Mon gouvernement, je le dis avec orgueil, est un des seuls qui aient soutenu la religion pour elle-même. Il la soutient non comme *un instrument de règne*, non pour plaire à un parti, mais uniquement par conviction et par amour du bien qu'elle inspire, des vérités qu'elle enseigne.
>
> (NAPOLÉON III.)

La manœuvre révolutionnaire a été, dans tous les temps et à toutes les époques, de tromper l'esprit public, de tourner habilement les masses contre le corps clérical, tandis que, livrées à elles-mêmes, elles sont portées vers lui par tous les instincts que réveille la charité sacerdotale. Grâce donc à la propagande anti-religieuse, tendant à renverser les soutiens du trône, pour l'abattre plus facilement, le clergé, sous la première Restauration, fut bien et dûment convaincu et atteint de connivence sacrilége avec la royauté pour asservir la nation *à profits communs.*

A vrai dire, la royauté pieuse, très pieuse, mais faible, mais trop portée à suivre les errements de la vieille politique, avait imprudemment mêlé la religion aux luttes politiques. Elle était approuvée et soutenue par quelques évêques ou quelques prêtres qui avaient survécu à la première révolution, hommes de la vieille cour, plus habitués à faire croire à leur crédit qu'habiles à le rendre populaire : en sorte que, la tactique révolutionnaire aidant, ils passaient aux yeux du peuple pour les conseillers intimes du pouvoir, les fauteurs de toutes les mesures dites réactionnaires. Le corps sacerdotal, bien qu'étranger à la politique gouvernementale, bien qu'il fût traité par la monarchie moins bien qu'il ne l'avait été par l'empire, fut confondu dans la mêlée, et de là le peu de succès, le peu d'influence de son ministère pour soutenir et sauver la royauté.

Ce que la branche aînée avait fait par égarement politique, la branche cadette le fit avec calcul, mais dans un autre sens. Elle afficha un grand respect pour la religion, tout en la livrant à la propagande philosophique. Quant aux ministres de cette religion, elle les éloigna, avec un respect profondément simulé, de tout contact avec le gouvernement et la haute administration. Elle n'eut pour eux que de froides convenances, et pas un sentiment de reconnaissance ou de générosité. Aussi comme elle avait renié le clergé, le clergé la renia à son tour, et il laissa à Dieu le soin de venger ses autels désertés, son sacerdoce livré à la risée publique. Le châtiment n'a pas tardé à arriver, et un châtiment honteux comme la faute.

Napoléon, catholique du vieux temps et homme politique de son époque, sent parfaitement que les deux puissances, pour être fortes, doivent être unies, que pour mériter l'amour et les respects de tous, elles doivent rester entièrement indépendantes l'une de l'autre; que néanmoins, portant le glorieux nom d'évêque extérieur de l'Église, selon la maxime antique, il *a charge* d'âmes, en ce sens qu'il y a pour lui devoir de conscience d'arrêter toute propagande anti-religieuse, toute doctrine nouvelle qui, franchissant le huis-clos de la conscience, tenterait de troubler et l'Église et l'État. Voilà ce que reconnaissent et proclament hautement les deux pouvoirs, et mieux, ce qu'ils pratiquent. Cet accord parfait de vues et de sentiments porte dans tous les cœurs amis de la paix publique la confiance, l'estime profonde, le zèle du bien. Quand les cœurs et les esprits sont ainsi préparés, le concours du clergé est immense en heureux résultats. Tout le pays moral est en sa puissance. Aussi comme sa voix vibre dans les âmes quand, *au nom du ciel*, il parle aux peuples de l'obéissance et du respect dus aux souverains de la terre ; quand, au nom de l'honneur et de la conscience, il parle à chaque citoyen des droits qu'ont à sa confiance les candidats du gouvernement !

Comme il entraîne après lui tout son troupeau, lorsqu'il ajoute : « Si je vous presse de vous soumettre aux lois et d'obéir à l'élu du ciel et du pays, c'est que mon devoir et le vôtre l'exigent. Nous sommes catholiques, nous ne trahirons jamais notre conscience ! Le gouvernement protége nos plus chers intérêts, la religion et nos personnes: servons-le par amour autant que par reconnaissance et par devoir. » Tout est dit : la foi, réveillée dans ces âmes, est capable de transporter les montagnes. Et pourtant ce prêtre n'a rien dit, n'a rien fait, qui ne puisse s'avouer devant Dieu et devant les hommes !

Il y a donc, de la part du clergé, un concours plus fort peut-être que l'État, qui ne compromet ni l'Église ni le souverain temporel. Ce concours est acquis à l'empereur par tout ce qui rattache le plus fortement les ministres catholiques au prince le plus digne d'être aimé, sa piété filiale pour la religion, sa tendre sollicitude pour les malheureux, son dévoûment sans bornes à la patrie, son courage et sa confiance en Dieu. Le clergé a eu, dans tous les siècles, des instincts supérieurs, qui l'ont toujours placé à la tête du mouvement social-rénovateur. Il ne fera défaut ni à son passé, ni à la reconnaissance; il servira de toutes les puissances de son âme l'empire napoléonien, ère nouvelle de régénération sociale... de par le principe politique-chrétien.

L'influence de la religion, considérée dans le concours et dans le dévoûment du clergé, est donc un gage d'avenir pour l'empire.

CHAPITRE III.

MISSION PROVIDENTIELLE DE NAPOLÉON III. — GAGE D'AVENIR POUR L'EMPIRE FRANÇAIS.

> Le succès n'enfle jamais d'orgueil ceux qui ne voient dans leur élévation nouvelle qu'un devoir plus grand, qu'une MISSION plus élevée, conférée par la Providence.
>
> (NAPOLÉON III.)

Dieu, est-il dit dans l'Écriture sainte, quand il veut de son souffle renouveler la face des empires, *suscite* des hommes extraordinaires pour accomplir ses desseins. Il va même, pour qu'on ne s'y méprenne pas, jusqu'à les appeler *siens*. *Suscitabo Cyrum meum.* Ainsi toutes les grandes époques de transformation ont été dominées par l'un de ces hommes reconnus pour *envoyés de Dieu*, et devant être les instruments de ses vengeances ou de ses miséricordes. Celui qui les envoie met en eux le génie, la force, et leur mission s'accomplit infailliblement comme toute conception divine. Bossuet a buriné sur l'airain ces mémorables péripéties providentielles de la vie des nations. Nous n'avons pas la sotte vanité de croire pouvoir ajouter à une démonstration marquée au coin du génie, et que tout le monde connaît et admire. Nous n'avons, ce qui est d'un intérêt assez nouveau et assez piquant, qu'à rechercher si Napoléon III *est bien l'envoyé de Dieu*, et *quel terme est assigné à sa mission.* C'est à prouver ces deux points que se résume la question posée dans notre chapitre III.

PARAGRAPHE PREMIER.

La mission providentielle de Napoléon III est-elle bien constatée ?

La mission d'un homme fameux dans les fastes de l'histoire a été reconnue pour providentielle, toutes les fois qu'elle a été consacrée par la conscience du personnage lui-même et par la conscience publique. Cyrus, Alexandre, Attila, etc., sont là vivants dans l'histoire pour l'attester.

En effet, interrogez-les, ces hommes de la droite de Dieu. Tous vous répondent : qu'ils se sentent revêtus d'une force supérieure ; qu'ils sont conduits par un esprit qui n'est pas le leur ; que leur courage n'aperçoit aucun obstacle impossible à surmonter ; qu'enfin, leur conscience est sûre d'elle-même. Il n'y a pas jusqu'à ce farouche Attila qui ne se reconnaisse pour être l'instrument de la volonté divine.

Certainement, la Providence s'est faite visible à l'œil de leur âme !

D'un autre côté, les peuples à leur vue tressaillent d'espoir ou d'épouvante. L'anxiété est la même que si la foudre, cette *grande voix de Dieu,* venait déchirer sur leurs têtes la nuée qui doit décharger l'orage ou la pluie bienfaisante. La terre se tait... tant la conscience publique a senti la présence de Dieu par tout ce qui se révèle à ses yeux !

Or, la mission de Napoléon III offre incontestablement ces deux signes caractéristiques, qui sont le cachet de la Providence sur ses envoyés.

La conscience de sa mission ! elle déborde à chacune de ses paroles. C'est avec l'accent le plus naturel, et pourtant le plus sincère, qu'il se dit animé d'une foi ardente qui le conduit sûrement, même à travers un espace où il n'y a pas de route tracée ; « qu'il ne fait qu'*obéir à sa mission, sentant en lui-même la force qui vient de Dieu ; que le succès n'enfle jamais d'orgueil l'âme de ceux qui ne voient dans leur élévation nouvelle, qu'une mission plus élevée conférée* par la Providence, etc. » Est-ce clair ?

Ce n'est pas tout : l'action chez lui répond à la parole. Dès son entrée dans la carrière politique, il marche d'un pas calme, assuré, à travers tous les obstacles, à travers tous les dangers. Impassible à tous les outrages, dédaigneux des calomnies, inaccessible à la crainte, il avance sans précipitation, sans hésitation, dans les voies que sa conscience éclairée d'une lumière nouvelle, lui indique pour atteindre au but. Le lion du désert ne s'avance ni plus majestueusement, ni plus tranquillement vers « la nourriture que Dieu lui envoie. » Ah ! c'est qu'il s'est senti soutenu, poussé par un sentiment inconnu à l'homme ordinaire ; c'est, qu'ayant la conscience intime du devoir, il a cette résolution inébranlable qui vient de Dieu; c'est qu'il s'est montré docile à suivre cette voix mystérieuse qui l'a appelé à sauver et à régénérer la France.

Quel grand de la terre a mieux dit et mieux fait, pour montrer sa foi en sa mission providentielle ?

Comment la conscience publique n'eût-elle pas eu la même inspiration ? Remontez un peu après 1848, et cherchez la raison des faits accomplis sous vos yeux. Alors toute l'âme d'un peuple était en proie aux angoisses les plus poignantes ; alors l'anarchie se montrait partout triomphante ; alors la guerre civile ensanglantait la cité ; alors, ô bienfait inattendu ! ce grand peuple, presque réduit au désespoir, se sent comme réveillé en sursaut par une sorte de commotion électrique : le nom sauveur de Napoléon avait retenti à son oreille. Ce nom est aussitôt accepté avec enthousiasme, comme un gage certain de pacification et de rénovation sociale, et Napoléon fut reconnu par l'immense majorité pour l'homme de la droite de Dieu, réservé dans le sein de sa miséricorde pour être le salut de la France. Aussi, d'un mouvement unanime, tous les Français se rangent sous son drapeau. Or, quand l'âme de tout un peuple s'épanche dans un élan unanime de gratitude, quand les masses, au moment d'un danger qui menace la société d'une ruine totale, cèdent à des inspirations toutes spontanées, tout en dehors des calculs humains privés, ne faut-il pas que quelque chose les avertisse instinctivement de chercher un remède extraordinaire ? L'esprit public éclairé par celui qui veille à la conservation de la société peut-il se tromper? L'élu que ces masses ont acclamé leur sauveur peut-il ne pas être l'*envoyé de Dieu?* Non, non, la loi que Dieu a voulue est une loi de conservation, et quand les hommes de la politique humaine l'oublient, il se charge de la maintenir par des hommes de sa main.

Donc, puisque jamais en aucun temps ce sentiment des masses ne s'est plus complétement manifesté qu'en faveur de Napoléon; puisque la conscience publique s'est montrée en tout conforme à la conscience qu'il a lui-même de sa mission providentielle, la conclusion est facile à tirer moralement et logiquement : *Napoléon III est incontestablement, visiblement l'envoyé de Dieu.*

PARAGRAPHE II.

Quelle est la mission de Napoléon III.

Cette mission, toute providentielle, est à nos yeux un gage d'avenir pour l'empire français. Voilà ce que nous avons avancé et ce que nous allons prouver pour l'enseignement de tous, particulièrement de ceux qui voudraient pouvoir en douter, et surtout communiquer leurs doutes à d'autres.

Que nous disent donc ces hommes peu éclairés ou malintentionnés ? Ils se complaisent à invoquer les exemples élémentaires de l'histoire, en objectant triomphalement qu'Alexandre, Attila, etc., étaient bien des envoyés de Dieu, et que pourtant leur mission n'a protégé ni eux, ni leur empire, ni leur postérité.

Nous répondons en premier lieu que pour la politique humaine, que pour l'homme qui ne voit que le fait, sans remonter à la raison de ce fait, l'envoyé providentiel n'a pas d'autre destinée que celle de résoudre une *situation donnée*, et qu'après il tombe dans l'oubli de la tombe, ou bien il entre dans l'ornière commune. C'est probablement ce qu'entendent nos honorables contradicteurs. Que la logique de l'histoire leur vienne en aide, avec le sens chrétien ! Cela n'est pas difficile avec un peu de bon vouloir !

Nous leur répondons deuxièmement : que pour la politique sacrée, que pour l'homme qui étudie surtout la moralité d'un fait, l'envoyé providentiel peut, il est vrai, n'avoir qu'une mission très limitée dans sa durée et dans les résultats relatifs à sa personne. — ce qui explique les exemples cités ; — mais cet envoyé de la Providence peut également avoir une mission, devant se perpétuer assez pour assurer un brillant avenir à lui et à ses descendants. L'histoire l'atteste.

La question se réduit donc maintenant à savoir s'il est possible de trouver, dans la vie politique de Napoléon, les signes particuliers qui distinguent une mission de ce genre.

Nous l'affirmons avec preuves en mains. La certitude que nous en déduisons est aussi rassurante, aussi positive, que toute autre empruntée au raisonnement humain.

Les hommes providentiels, qui passent vite et tout entiers, sont ceux qui se disent eux-mêmes les instruments des vengeances célestes, car Dieu pardonne vite au repentir; ceux qui s'inquiètent beaucoup du succès, et peu de la moralité de leurs actes; ceux qui sont livrés corps et âme au présent, et qui ne fondent rien pour l'avenir; ceux enfin de qui l'Écriture dit: « J'ai vu l'impie s'élever jusqu'aux cieux; j'ai passé, il *n'était déjà plus.* »

Au contraire, les hommes providentiels, à qui l'avenir est promis, sont les sauveurs des nations. Au lieu donc d'opprimer les peuples, ils les arrachent à l'anarchie. Au lieu de s'enorgueillir de leurs succès et de s'enivrer à la coupe de coupables plaisirs, ils ne voient dans leur élévation qu'un devoir plus grand de s'humilier sous la main de Dieu, et de travailler à la régénération sociale par l'exemple et par de bonnes lois; enfin, au lieu de s'absorber tout entiers dans les soins du présent, ils portent leurs vues dans l'avenir, et fondent leurs espérances sur l'amour et le bonheur des peuples. Dieu est alors avec eux, Dieu qui ne cesse de protéger que ceux qui le délaissent. Leurs œuvres sont donc un gage d'avenir, comme leur avenir est la récompense de leur fidélité à remplir leur mission.

Maintenant, tournons nos regards vers l'élu de Dieu et de la France catholique; résumons tout ce que nous avons consigné dans cet écrit; et faisant l'application sévère, consciencieuse de ses actes aux doctrines catholiques, à la politique sacrée, à la grandeur et à la sainteté de sa mission, nous verrons quelles destinées sont réservées à l'empire français.

RÉSUMÉ GÉNÉRAL.

—Le principe révolutionnaire, de quelque titre qu'il se soit paré, à partir de *la réforme* jusqu'à *la république sociale*, n'a été qu'un principe de ruines pour la nation et une dégénération progressive du caractère national (p. 9, 21, 31, 42).

Napoléon s'est déclaré hautement, publiquement son ennemi, en faisant une guerre ouverte à l'anarchie, et en inaugurant le grand principe d'autorité, qui est la force et la vie de tout pouvoir conservateur. C'est la pensée qu'il a exprimée ainsi dans ce langage profond et sublime d'images qu'on lui connaît : « La société ressemblait depuis longtemps à une pyramide qu'on aurait retournée et voulu faire reposer sur son sommet; je l'ai replacée sur sa base» (p. 54).

— Le droit divin et la souveraineté nationale, au milieu des luttes acharnées des partis politiques, avaient été méconnus, faussés, calomniés de diverses manières.

Napoléon les a fait revivre dans toute leur vérité, et c'est sur ces principes sacrés qu'il a reconstitué l'empire, en fondant sa légitimité sur le sol national, tel que Dieu et les mœurs du pays l'ont fait (p. 84).

— La science gouvernementale n'est que le reflet de la science divine gouvernant le monde : donc la vraie politique, celle qui conserve et fait fleurir les empires, est celle qui se fonde sur la loi morale, ou politique sacrée. Donc tout acte politique ou gouvernemental, d'un ordre supérieur, qui blesse le sens moral-chrétien chez une nation catholique, porte un coup mortel au pouvoir et à la société. C'est l'échelle des flots révolutionnaires. Par elle on a pu prédire la chute des trônes (p. 54).

Chose admirable ! nous avons pu prouver que Napoléon III, s'inspirant d'en haut, a fait de ces actes qui étonnent, qui déconcertent les sages de la politique humaine, qu'il les a faits de son propre et seul conseil, et qu'il n'en est pas un seul que le sens moral-chrétien n'approuve et n'admire (p. 94).

— Les deux royautés constitutionnelles n'avaient su que compromettre la religion et le clergé, et rendre stérile leur salutaire influence : la première en s'efforçant de ressusciter l'antique alliance entre elle et quelques hauts personnages ecclésiastiques, sans tenir compte des temps présents ; la seconde en laissant, soit à cause de son peu de foi en son principe politique-religieux, soit par esprit philosophique, s'éteindre le sentiment religieux chez les masses.

Aussi la royauté des deux règnes, manquant de base dans la religion des peuples, s'est affaissée sur elle-même, et a fini par l'exil (p. 35).

Napoléon a évité judicieusement ces deux extrêmes. Il a accordé au clergé tout ce qu'il pouvait lui accorder d'influence morale, de considération, de sollicitude paternelle, de liberté d'action dans l'administration spirituelle des âmes ; il attend de lui ce concours efficace, absolu, qui s'appuie sur les maximes politiques-chrétiennes et sur l'influence personnelle des ministres, à qui appartient tout le pays moral. Certes, le clergé catholique ne faillira pas à ce devoir légitime, lui qui, dans tous les siècles, s'est montré si reconnaissant et si dévoué de cœur et d'âme aux souverains, qui ont été les pères des peuples (p. 136).

—Les païens eux-mêmes ont reconnu que les temps de transition exigeaient de grands efforts : *Transitus rerum magnos conatus* (Tacite). Par conséquent, ils étaient persuadés que, à toutes ces époques mémorables, apparaissaient des hommes extraordinaires destinés par les Dieux à résoudre la situation sociale-politique. Ainsi, et à plus forte raison, les chrétiens, pleins de foi en la Providence, doivent-ils regarder comme des envoyés du ciel ces grands hommes, qui maîtrisent les circonstances, asseoient le présent et fondent l'avenir. Leur mission providentielle frappe tellement les esprits, qu'elle leur concilie le respect, l'admiration, le dévoûment des peuples (p. 138).

Napoléon III, dans ses paroles, dans ses actes, dans tout l'ensemble de sa personne et de sa politique, a montré qu'il était revêtu de cette mission providentielle, et qu'il fondait son empire dans l'avenir. La France, à son tour, l'a salué son sauveur. La France a foi à la durée de sa mission ; la France et les pays étrangers savent que la force, le courage, la résolution, la haute intelligence, remplissent son âme ; ils disent : le doigt de Dieu est là (p. 141)!...

CONCLUSION.

Quand cette auréole qui ceint la tête des envoyés de Dieu brille sur le front de Napoléon ; quand tous les éléments qui constituent un pouvoir légitime, puissant et respecté, forment la base sur laquelle repose l'empire français ; quand le trône et l'autel sont unis par des liens chers au peuple, glorieux pour tous, comme le trône impérial est uni à l'autel catholique ; quand la politique d'un monarque s'inspire à la science d'un livre tombé du ciel, comme la politique de l'empereur s'inspire à la science de l'Évangile ; quand donc ce magnifique panorama de tout ce qui est foi et force en Dieu, autorité et pouvoir légitime, résolution et science gouvernementale, justice et clémence, religion et conscience éclairée, courage et dévoûment héroïque, abnégation personnelle et amour sans bornes de son pays; quand, dis-je, ce magnifique panorama de la vie du sauveur de la patrie se déroule à nos yeux, est-il possible de ne pas répudier le *passé révolutionnaire*, de ne pas bénir *le présent*, et de ne pas former de LONGUES ESPÉRANCES dans *l'avenir ?*

Sans doute, l'œuvre immense de notre régénération politique-sociale rencontrera des obstacles; sans doute les ruines de toute espèce qui nous entourent, dans l'ordre moral surtout, seront lentes à relever; mais le nouvel ordre de choses s'élève majestueusement sur des bases solides ; mais la volonté, qui doit le continuer et en couronner le faîte, est inébranlable dans la foi en sa mission ; mais les forces vives de la France se personnifient dans un souverain, qui n'aspire qu'à la gloire de satisfaire aux devoirs que lui imposent son nom, la foi profonde et l'amour ardent du peuple ! Combien donc doivent être belles *les destinées du nouvel empire français, sous les principes politiques-chrétiens ! !*

FIN.

PARIS. — Imp. LACOUR et Cᵉ, rue Soufflot, 16.

www.ingramcontent.com/pod-product-compliance
Ingram Content Group UK Ltd.
Pitfield, Milton Keynes, MK11 3LW, UK
UKHW022111260726
13993UKWH00001B/442